청춘에게
전하는
여섯 가지
공감이야기

청춘에게 전하는 여섯 가지 공감이야기

초판 1쇄 발행 2015년 11월 7일
초판 2쇄 발행 2015년 11월 23일

지은이   박 상 규
그림   김 미 소
사진   서 준 호
펴낸이   손 형 국
펴낸곳   (주)북랩
편집인   선일영   편집 서대종, 이소현, 김아름, 권유선, 김성신
디자인   이현수, 신혜림, 윤미리내, 임혜수   제작 박기성, 황동현, 구성우
마케팅   김회란, 박진관
출판등록 2004. 12. 1(제2012-000051호)
주소   서울시 금천구 가산디지털 1로 168, 우림라이온스밸리 B동 B113, 114호
홈페이지 www.book.co.kr
전화번호 (02)2026-5777   팩스 (02)2026-5747

ISBN   979-11-5585-781-6 03320(종이책)   979-11-5585-782-3 05320(전자책)

이 도서의 국립중앙도서관 출판예정도서목록(CIP)은 서지정보유통지원시스템 홈페이지(http://seoji.nl.go.kr)와
국가자료공동목록시스템(http://www.nl.go.kr/kolisnet)에서 이용하실 수 있습니다.
(CIP제어번호 : CIP2015029888)

성공한 사람들은 예외없이 기개가 남다르다고 합니다.
어려움에도 꺾이지 않았던 당신의 의기를 책에 담아보지 않으시렵니까?
책으로 펴내고 싶은 원고를 메일(book@book.co.kr)로 보내주세요.
성공출판의 파트너 북랩이 함께하겠습니다.

인 생 의
낯선 길에
홀로 서 있는
그 대 에 게
박상규 지음

청춘에게
전하는
여섯 가지
공감이야기

오늘보다 더 나은 희망의 _____ 에게

행복을 전하고 싶은 _____ 가 드립니다.

오늘보다 더 나은 내일을 꿈꾸는
모든 분들에게 이 책을 바칩니다.

내 인생에 흔들리는
청춘의 시간이

없었더라면

여러분이 '쏨(답)'입니다
이 시대 최고의 브랜드는 여러분이기에…

오늘보다 더 나은 내일을 살게 하는 힘과 하루하루 고단한 삶을 지탱해 주는 것이 무엇인지 생각해 보셨습니까? 그건 바로 '희망'입니다. 희망. 희망이라는 단어는 우리들의 삶에 큰 활력을 불어넣어 주며, 희망 없이는 단 하루도 살 수 없는 공기와 물과 같은 존재입니다. 하지만 희망은 보이지 않고 만질 수 없어, 있는지 없는지 그 소중함을 깨닫지 못하고 무심하게 외면하고 있지만, 결국 우리들은 희망의 에너지를 먹고 마시며, 희망 속에 숨을 쉬면서 살고 있는 것입니다. 오늘보다 더 나은 내일, 그리고 더 행복한 미래를 꿈꾸면서, 그렇게 폭풍한설 고통의 추운 겨울 속에서 봄의 개나리와 벚꽃을 기다리는 마음으로 희망의 빛을 붙들고 살고 있습니다.

가슴속의 희망을 품지 못하고 시들은 꽃처럼 고개 숙이며 힘들어하는 청춘, 비틀거리는 도서관 불빛과 힘겹게 싸우고 있는 수많은 젊은이들은 너무 아프고 고통스럽다는 말조차 하기 힘들어하고 있습니다. 바로 지금이 청춘을 위한 따뜻한 마음의 진심과 공감, 그리고 희망이 담긴 위로의 치료 약과

청춘에게
전하는 여섯 가지
공감이야기

함께 나를 뒤돌아보고, 앞으로 나갈 수 있는 자기계발이 절실히 필요할 때입니다.

지금 청춘의 고민이 무엇입니까? 가장 우선이 취업이겠지요. 맞습니다. 취업이라는 전쟁을 위해 무기인 스펙을 쌓고, 취업 정보의 안테나를 높이 세우며 청춘의 시곗바늘은 취업의 기준으로 움직이고 있습니다. 취업의 전쟁에서 지지 않기 위해서 말입니다. 그러나 취업을 했다고 성공한 인생이고, 행복이 보장되는 건가요? 그건 결코 아닙니다. 미래에 대한 걱정과 두려움보다 안정된 삶을 살기 위해 취업을 하겠지만, 궁극적인 목적은 취업이 아니라 여러분의 행복한 삶이라는 것을 잊어서는 안 됩니다.

청춘은 푸르고 낭만적이어야 하거늘 우리들의 청춘은 취업과 진로로 인해 고민과 방황으로 많이 지쳐 있고 힘들어하고 있는 게 사실입니다. 청춘과 함께 사회의 그늘 속에서 위로받고 싶은 분들을 위해 힐링과 자기계발의 두가지 요소를 박성민이라는 주인공이 대학교에 입학하면서부터 졸업식장을 떠나기까지 보고, 듣고, 찾고, 느끼고 생각하며 남긴 일기장의 기록을 사랑하는 후배에게 주고 떠나는 내용으로 긍정, 희망, 꿈, 목표, 실천, 스마트(공감)의 주제로 쉽게 풀어 놓아 요즘 책을 자주 접하지 않는 분들에게 자기계발서 '여섯 권 이상의 책을 한 번에 재미있게' 읽는 효과가 있게 만들어져 있으며, 또한 주인공이 바라보는 깨끗한 눈이 많은 청춘에게 공감과 함께 용기와 희망, 그리고 앞으로의 삶의 긴 여행에 큰길을 안내해 줄 것입니다.

어머니가 멀리 떠나는 자녀에게 필요한 것을 빠짐없이 정성껏 담아주듯, 이 책의 많은 부분에 진심을 담으려고 최선의 노력을 다했습니다. 모쪼록 이 책이 어려운 산을 넘을 때마다 앞에서 당겨 주고 뒤에서 밀어주는 그런 힘이 되어 주길 희망하며, 수많은 물고기가 헤엄치는 황금어장인 이 책 속에서 독자 여러분이 훌륭한 어부가 되어, 오늘보다 더 나은 내일의 행복한 삶을 살아가는 데 이 책이 희망의 등대가 될 소망합니다.

대전의 한 도서관, 열심히 공부하는 학생들 사이에서
박상규

청춘에게
전하는 여섯 가지
공감이야기

Turning Point
긍정, 감사

이야기 속 주인공과 등장인물은
가상 인물이며,
이야기 속의 인용, 예문은
사실 그대로를 옮긴 것입니다.

얼마 전 입학식 때 받은 꽃다발의 향기가 아직도 남아있는데, 학교 교문을 같이 들어왔던 그 풋풋한 눈동자의 친구들을 찾아봤지만 못 찾고 졸업식장에 있는 나를 발견하고는 깜짝 놀라, 어제 사랑하는 후배 J의 인사도 받지 못해 미안해. 졸업식장을 떠나면서 나의 모습이 스며있는 정들었던 강의실, 도서관, 자주 앉아 생각에 잠기곤 했던 나무 그늘 벤치를 돌아보고, 캠퍼스에서 사진을 찍고 나니, 이제 정말 떠나는구나 하며 졸업을 느끼게 되어 찡한 마음을 주체할 수 없어, 졸업한 날 저녁은 추억의 필름을 되감으며 뜬눈으로 밤을 지새웠지.

겨울의 몸부림을 이겨내고 다가온 봄,
입학식의 봄이 생각납니다. 축하의 꽃
다발 속에 설렘과 어색함을 감추고 그
렇게 학교 정문을 들어섰지요. 그게 바
로 어제 같았습니다.
학교가 있는 낯선 곳으로 이삿짐을 가
지고 내려온 첫날이 생각납니다.

Turning
Point

긍정, 감사

불평과 부정의 잠복기를 거쳐 잡초가 무성하게 자라기 전에
긍정과 감사의 영양분을 줍니다. 저의 행복나무가 잘 자라게 하기 위해….

삼년고개

대학교에 입학하면서 힘들 때마다 부모님의 당부 말씀이 생각납니다.

"뭐든지 잘될 거다. 힘들어도 다 지나가니 힘든 순간, 순간마다 긍정적으로 생각해라."

처음 부모님 곁을 떠나기 전날 밤, 방 한쪽 구석에 자취방에서 쓸 이불과 옷이 저를 가리키고 있습니다. 사춘기 때부터 부모님 곁을 떠나고 싶어 했지만 막상 현실로 다가오자, 낯선 곳에서의 두려움을 이겨낼 용기가 나지 않아 뜬눈으로 밤을 지새웠습니다.

고속도로, 아버지와 어머니는 차 속에서 말씀이 없으셨습니다. 처음 품에서 떠나는 외아들을 믿지 못하기보다 왠지 소중한 것을 떠나 보낸다고 생각하셨는지, 아버지는 잠시 쉬는 휴게소에서 먼 산을 계속 보시며 뭔가 깊은 생각을 하는 것 같았습니다. 차 속에서 음료수를 건네면서 어머님이 동화 속 '삼년고개'의 이야기를 들려주셨습니다.

옛날 두메산골에 삼년고개라는 험한 고개가 있었습니다. 한 할아버지가 친구 환갑잔치에 갔다 해지기 전 집에 도착하기 위해 바삐 오다 그만 삼년고개에서 넘어졌습니다. 큰일입니다. 할아버지, 할머니, 아들도 삼 년밖에 못 살 거라는 미신을 믿었기 때문입니다. 시름시름 앓고 있다는 할아버지의 소식을 들은 동네 아이가 할아버지를 찾아가 말했습니다. "삼년고개에서 한 번에 삼 년이니 많이 넘어질수록 오래 살 수 있습니다." 그 말을 들은 할아버지가 삼년고개에서 많이 넘어지고 뒹굴어서 오래 살았다는 이야기입니다. 아이의 말에 할아버지가 긍정적으로 변한 것이죠.

고등학교 때 수없이 많은 문제를 풀면서 알게 된 한 가지가 있다면 '항상 문제 속에는 답이 있다.'는 것입니다. 긍정적으로 생각하는 사람에게 해결할 문제의 답이 보다 분명하고 선명하게 보인다는 것을 어머니는 현명하게 동화로 이야기해 주셨습니다. 아버지는 영화 〈바람과 함께 사라지다〉의 여주인공 스칼렛 오하라가 붉은 노을이 깔린 대지 위에서의 그 대사를 힘들 때마다 자주 하시곤 합니다. "내일은 내일의 태양이 떠오른다." 그러면서 저의 어깨를 툭 치면서 "잘될 거야. 암, 잘되고말고."라고 주문을 걸듯이 많이 말씀하셨던 것은 바로 긍정적 생각을 저한테 전달하고 싶었던 것입니다.

자취방의 창문을 열어 봅니다. 아직 버티고 있는 겨울의 찬 공기가 들어오는군요. 멀리서 성급하게 핀 개나리꽃이 눈에 들어 옵니다. 분주하게 방과 도구를 정리하시는 어머니, 아버지는 아무 말씀 없이 그냥 서 계시기만 합니다. 저녁 식사도 같이 할 시간이 없이 되돌아가야 하는 아버지와 함께 어머니가 길을 나섭니다. 떠나는 차 창문으로 손을 흔드시는 어머니, 눈을 마주치지 못하고 바로 창문을 닫고 고개를 숙이고 계십니다. 그건 바로 어머니가 울고 계신다는 것을 저는 알고 있습니다. 떠나는 차의 뒷모습이 까마득하게 멀어질 때 저의 온기마저 가지고 가는 것 같았습니다.

첫날밤, 바람의 소리마저 잠이 든 조용한 밤을 저는 침묵으로 버티고 있었습니다. 무인도에 혼자 버려진 며칠 후 한 권의 책이 도착했습니다. 아버지가 선물한 책, 바로 조엘 오스틴의『긍정의 힘』이라는 책과 편지입니다.

기적의 시작도
긍정입니다

출근길에 그동안 보이지 않았던 벚꽃이 눈에 들어오더니 성급한 녀석은 벌써 눈이 되어 나의 차에 부딪혀 온데간데없이 사라져 버렸다.

성민아! 사람의 몸속에 가장 무거운 것이 무엇인지 아니? 그건 바로 사람의 '마음'이란다. 며칠 전 너를 놔두고 난 내 몸무게보다 몇 배나 무거운 짐을 지고 엄마하고 같이 서울로 왔다. 사랑하는 성민아, 어젯밤은 너의 모습이 보고 싶어 태어나서부터 지금까지 앨범의 사진을 넘기며, 행복했던 지난 추억이 떠올라 엄마와 많은 대화를 나누었지. 그렇게 넌 우리에게 귀하고 소중한 존재란다.

성민아! 2006년에 나온 장쯔이 주연의 영화 〈야연〉을 아니? 아마도 모르겠지. 동생이 왕인 형을 죽이고 왕좌에 올라 형수인 왕비를 취했는데, 왕비가 왕을 죽이려고 독약을 만드는 사람에게 은밀하게 독약을 부탁하게 되지. 아주 조그마한 독약이 든 병을 보고, 이보다 더 독한 독약이 있냐고 독약을 만든 사람에게 왕비가 물어봤어. 그 독약을 만든 사람은 더 독한 독약이 있다고 했는데, 깜짝 놀란 왕비는 그 독약이 뭐냐고 물었단다. 그가 말했지. "그것은 바로 당신의 마음입니다."

　사랑하는 아들 성민아. 우리의 마음은 위의 영화 대사처럼 한 방울의 독약보다 더 독할 수도 있고 태평양 바다보다 더 넓을 수도 있단다. 사람을 죽이고 살릴 수도 있는 게 우리의 마음이지. 그러니 힘든 일, 어려움이 닥치면 "어떻게 하면 이 일을 처리할 수 있을까"와 "이걸 어떻게 하지"는 너무나 큰 차이점이 있단다. 처음부터 긍정을 무기로 적극적으로 문제를 해결하려고 마음먹으면 방법이 보이게 마련이란다. 또 영화 이야기를 해야겠구나. 시간이 좀 지났지만 너하고 재미있게 봤던 〈미션 임파서블〉을 생각해 봐. 비록 영화지만 주인공 톰 크루즈는 어떠한 어려움도 처음부터 해결하려고 하잖니? 그런 적극적이고 긍정적인 자세로 대학생활을 하면 많은 도움이 될 거라 아빠는 확신한다. 특히 미리 근심하고 걱정하여 부정적으로 변하지 않기를 바라면서, 근심이 얼마나 무서운지 예를 들어 보마.

　콜로라도 주 한 봉우리에 거대한 나무 한 그루가 쓰러져 있었는데 그 나무는 400여 년간 열네 번이나 벼락을 맞아도 쓰러지지 않았으며, 수많은 눈사태와 폭풍우를 이겨냈던 나무지. 그런데 그 나무가 쓰러진 까닭은 바로 딱정벌레 떼가 나무 속을 파먹어 버렸기 때문이야. 오랜 세월에도 시들지 않고 폭풍과 벼락을 견뎌온 그 거목이 손가락으로 문지르면 죽일 수 있는 작은 벌레들에게 쓰러지고만 것이지. 우리도 이 거목처럼 인생의 폭풍우와 눈사태와 벼락은 이겨내면서 '근심'이라는 벌레에게 우리의 심장을 갉아 먹히고 있지는 않은지?[1]

　근심은 부정을 불러오고 그 부정은 또 근심을 불러 결국 눈덩이처럼 커져 최

---

1) 　데일 카네기, 『근심이여 안녕』, 대한기독교서회, 1969

악의 결과물을 얻을 것이다. 그러니 근심할 시간에 긍정의 실천을 해 보는 것이 나름 좋은 성적표를 얻는 최상의 길이지.

어제는 성민이가 보고 싶어 새벽에 잠을 깨어보니 너는 없고 텅 빈 공간만이 나를 바라보고 있더구나. 그동안 인공위성처럼 너의 주변만 맴돌다 성민이의 모습이 지방으로 내려가니 네가 더 보고 싶어진다. 봄이 왔다고는 하지만 아침저녁 제법 공기가 차다. 엄마는 요즘 밤잠을 설치면서 통 잠을 이루지 못하고 얼굴도 밝지가 않다. 성민이도 그 이유를 알고 있겠지? 이제 성인이니 엄마의 걱정을 덜어 줄 수 있게 행동 하나하나에 책임을 지는 성민이가 되길 기대한다. 자유가 있는 만큼 반드시 책임도 따른다는 것을 잊지 말고. 엄마에게 안부전화 자주 해 주기 바란다. 행복해라, 성민아. 이 세상 그 누구보다도. 그게 아빠가 너한테 해 주고 싶은 마지막 말이다. 오늘은 왠지 네가 더 보고 싶어 추억 속에 담아 놓았던 휴대전화 사진을 더 자주 보게 되는구나.

성민이에게 자랑스럽고 싶은 아버지가

『긍정의 힘』이란 책 속에 끼어 있는 편지, 아버지의 당부와 사랑을 느끼기에 충분한 편지였습니다. 오늘은 달이 머리를 들이밀며 저한테 이야기하고 싶어 하는 고요한 밤입니다. 모처럼 달한테 물어봅니다. "나는 긍정의 사람이 되고 싶다. 너는 긍정적이냐?" 대답 없는 달은 구름 속으로 숨었습니다. 옆에 있는 별에게 말했습니다. "난 긍정적인 사람이야." 별이 대답합니다. "Me Too." 수많은 별 속에 어머니 모습이 보입니다.

Turning Point
긍정. 감사

긍정의 달인

　　물어물어 찾아간 강의실, 벌써부터 통성명을 하며 삼삼오오 앉아있는 새내기 학생들 사이로 햇볕이 잘 드는 창문 한 곳에 혼자 앉았습니다. 강의실로 들어오시는 교수님. 저는 고등학교 때 필살기인 노트 정리로 이 대학에 들어오게 되었습니다. 바로 그 초심을 잃지 않기 위해 중요한 부분이 빠지지 않도록 열심히 필기하기로 결심했습니다. 기억은 사라져도 기록은 남으니까요. 한 학기 수업의 오리엔테이션을 마치고 교수님이 의미 있는 말씀이 이어집니다.

　　"힘든 고3 생활 때문에 TV 프로를 잘 안 봐서 모르겠지만, 혹시 〈생활의 달인〉이라는 프로를 아세요? 그 프로에 출연하는 분들에게 배울 공통점이 몇 가지 있어 소개하며 첫 수업을 마치겠습니다.

　　첫째, 직업을 사랑하는 분들입니다. 좋은 직업이란 책상에 앉아서 컴퓨터 보면서 쉽게 일하는 사람, 즉 노동강도는 낮고 쉬는 날 다 쉬는 다들 부러워하는 신의 직장인이 아니고, 내 일에 보람을 느끼고 일하는 바로 그 프로에 출연한 분들의 공통점입니다. 직장과 직업의 차이점을 아세요? 직장은 내가 몸담고 있는 조직이고, 직업은 내가 하고 있는 업業으로 평생 일하는 것입니다. 여러분들은 이제 너도나도 100세 시대이고 80세까지 일한다고 하니 좋은 직장도 좋지만, 내가 잘하는 일을 찾아 직업을 갖길 바랍니다.

둘째, 꾸준히 노력하고 변화했던 분들입니다. 어떻게 하면 정확하고 빨리 일을 할까, 즉 개선하며 노력했던 분들입니다. 변화하지 않는 사람, 변화를 주저하는 사람은 푸르고 신선한 양식을 먹을 수 없으며, 높은 파도를 현명하게 넘을 수 없습니다.

셋째, 긍정적인 분들입니다. 내가 이야기하고 싶은 가장 중요한 것, 바로 '긍정'입니다. 그분들은 직업을 사랑하고 그 일을 천직으로 알고 열심히 생활하시는 긍정적인 분들입니다. 영국 런던대학의 앤드 루 스텝토 박사 팀은 긍정적인 생각을 하는 사람들의 평균 수명이 부정적인 사람보다 9.5년 더 길다고 했고, 미국의 카네기 멜론 대학의 셜던 코엔 박사는 감기에 덜 걸리려면 긍정적이고 행복한 사고를 지녀야 한다고 했습니다. 오래 살고 싶습니까? 장수의 비결 중 하나는 긍정이라는 것을 잊지 말기 바랍니다.

제가 전에 직장생활을 했는데 그때 있었던 실화 하나 소개하겠습니다. 밖에 비가 내리고 있는 아침, 창문 밖 같은 곳을 바라보고 있는 두 세일즈맨이 있었습니다. A라는 세일즈맨은 "오늘은 비가 오니 사람 만나기 어렵겠는데."라고 말했죠. 그런데 옆에 있는 B라는 세일즈맨은 생각이 달랐습니다. 그는 "비가 오니 고객들의 활동 반경이 좁아져 오히려 만나기가 더 쉽지."라고 했습니다. 누가 더 긍정적, 적극적 사고인가요? 누가 더 실적이 좋을 것 같습니까? 굳이 제가 답을 말하지 않아도 다 알 것입니다. 바로 B라는 세일즈맨입니다.

긍정적인 학생은 공부도 잘하고 활기찹니다. 그리고 어려움도 잘 이겨내지요. 무슨 문제가 생기면 긍정적인 생각으로 일에 접근하기 바랍니다. 긍정이라는 녀석은 여러분의 생각보다 힘이 셉니다. 그리고 기업도 긍정의 직원을 더 선호한다는 것을 잊지 마시기 바랍니다. 그 이유는 긍정으로 무장한 직원들은 생산성도 높기 때문입니다. 그 증거를 하나 대 드리죠.

메트로폴리탄 생명보험의 사장으로부터 유능한 세일즈맨 선발 방법을 의뢰받은 심리학자 마틴 셀리그만 박사는 성공한 세일즈맨과 실패한 세일즈맨 중에 결정적인 차이가 한 가지 있었는데 그건 바로 '긍정'이었습니다. 입사 1년 후 낙관적인 사원은 3,087달러인 반면, 비관적인 사원은 1,962달러를 계약해서 57% 더 많은 계약 실적을 올렸으며, 입사 후 2년째에는 차이가 더 심해 낙관적인 직원이 그렇지 않은 직원보다 638%나 많은 실적을 올렸습니다.[2]

긍정적이고 낙관적인 사람은 인간관계도 좋습니다. 교문은 같이 들어왔지만 졸업식장을 어떻게 나서냐의 차이는 하루하루 보내는 결과가 쌓여 만들어지는 것입니다. 좋은 이야기를 하나 더 소개하고 마치겠습니다.

1444년 세종 26년 때 구종직이라는 사람이 경회루가 몹시 궁금해 몰래 담을 넘어 밤에 연못가를 구경하던 중 산책 나온 세종과 마주쳤습니다. 세종은 그의 신분과 경회루에 나와 있는 까닭을 묻고 경전을 외울 수 있냐고 하자, 춘추를 외우겠다고 하고 한 권을 다 외웠습니다. 세종은 크게 감탄하여

———

2)   이민규, 『행복도 선택이다』, 더난출판사, 2012

술을 내려주고 다음 날 5품직, 지금으로 말하면 9급 공무원을 5급으로 승진시킨 것입니다. 여러분! 구종직이 세종을 만난 것은 우연일지 몰라도 5급으로 승진할 수 있었던 것은 평소 준비하고 노력했기 때문 아닙니까? 준비해야만 기회가 올 때 잡을 수 있는 겁니다. 바로 구종직처럼 말입니다. 저수지에 물을 채워놔야 농번기에 유용하게 쓸 수 있습니다. 준비하는 자에게 기회가 옵니다."

이제 겨우 대학에 들어 왔는데 또 다른 경쟁의 출발선에 선 것 같습니다. 짧은 호흡도 잠시, 전 긍정적으로 생각하기로 했습니다. 아무리 뛰어난 사람도 환경 자체를 바꿀 수 없으니 제가 빨리 적응하는 것이 가장 빠른 방법입니다. 많은 대학생들이 공통되게 느끼는 것이고, 혼자 힘들다고 외쳐본들 부질없는 시간 낭비이니까요.

선배님의 긍정을
배우고 싶습니다

           토크콘서트 '열정樂(라)'에 출연한 모 기업의 고아 출신 사원이 "나는 고아였지만 인생을 긍정적으로 봤기 때문에 점점 행복한 사람이 되고 있습니다. 여러분도 힘들거나 불행하면 '그럼에도 불구하고'라는 단어를 꼭 기억하십시오."라고 말한 적이 있습니다.[3]

    보육원에서 자란 동아리 선배님이 계십니다. 매사에 솔선수범하고 항상 환한 미소를 지으시는 긍정적인 선배님입니다. 누구나 그 선배님을 따르고 좋아합니다. 우연히 학생식당에서 같이 밥을 먹게 되었습니다. 그때 조심스럽게 그 선배님에게 긍정적인 이유를 물었습니다.

    "내가 인상 쓴다고 세상이 변하거나 나한테 도움이 되는 게 하나도 없다는 것을 나는 잘 알고 있어. 고등학교 때 은행에서 봉사를 온 한 아저씨가 우리에게 치킨을 사주면서 하는 말씀이 은행 대출을 받으러 오는 고객들 인상을 보면 신용조회를 하지 않아도 열이면 여덟아홉은 맞출 수 있는데, 그 이

---

3) 《조선일보》, 2014년 6월 25일자 기사 참조

유는 오랜 세월 동안 지나온 삶이 전부 얼굴에 녹아있기 때문이라고 하더군. 그래서 난 나의 어두운 과거를 감추기 위해서라도 더 웃고 긍정적으로 생각하기로 했어. 내 인생에서 바꾸지 못하는 몇 가지 중에 부모, 형제는 바꿀 수 없잖아. 근데 말이야 웃으면 더 웃을 일이 생긴다는 것을 아니? 생각하지 못한 장학금을 받은 적도 있고, 아르바이트할 때 사장님이 예상보다 더 많은 돈을 주시기도 하고, 동아리 선배님이 사회에 나가서 내가 제일 생각이 난다고 자주 연락도 주고 밥도 많이 사주기도 하지."

저는 그 선배님의 등 뒤에 있는 그림자는, 사랑이 그립다는 것을 알고 있습니다. 선배의 긍정과 미소를 닮고 싶습니다. '하이든 효과'라는 것이 있습니다. 1980년 동계올림픽에서 에릭 하이든(Eric Arthur Heiden) 선수가 5개 금메달을 획득하면서 생긴 말입니다. 처음 4경기는 올림픽 신기록을 세웠고 마지막 경기는 세계신기록을 수립했습니다. 그와 경기를 하면 이길 수 없지

만 그와 경기를 하고 싶어 난리입니다. 그와 함께 경쟁하는 선수들은 최고의 기록을 세울 수 있기 때문입니다. 긍정적이고 낙천적인 사람과 같이 있다 보면 긍정도 전염되지 않을까요?

모 방송에서 긍정적인 아이들과 부정적인 아이들을 두 그룹으로 나누어 탑 쌓기 하는 것을 본 적이 있습니다. 긍정적인 아이들이 협동심도 강하고 더 빨리 탑을 쌓았습니다. 성공스토리에 빠지지 않는 것은 바로 '긍정'의 감초라는 것을 저는 잘 알고 있습니다. 그러니 늘 긍정적이고 적극적인 생각을 하고 있다면 에디슨도 무릎을 '탁'치고 갈 아이디어가 저한테 떠오를지 모릅니다. 그리고 '샐리의 법칙'[4]이 자주 올 것 같습니다. 분명히!

---

4)   주위에서 일어나는 일들이 자신에게 유리하게 풀린다는 의미입니다.

추억 속의
친구 두 명

　　긍정의 마음을 열기 위해 긍정이라는 단어를 계속 생각했습니다. 긍정하니 고1 때 친구 2명이 기억납니다. 한 친구는 왼발이 불편한 지체 장애인이었습니다. 태어날 때부터 장애가 있었답니다. 근데 얼마나 긍정적인지 다른 아이와 같이 달리기 시합을 하기도 했습니다. 꼴찌를 할 게 뻔한데도 말입니다. 그 친구는 매사에 잘될 거라며 긍정을 놓지 않았습니다. 그래서 그 친구의 별명은 '긍정 전도사'입니다. 불편한 몸인데도 웃음 또한 잃지 않습니다. 반면 매사에 투덜거리는 투덜이 친구가 있었습니다. 뭐가 그렇게 불만인지 지금은 기억이 잘 나지 않지만 세상의 근심걱정은 혼자 다 지고 다니는지 인상은 구겨져 있고 투덜투덜 대며 지내고 있었습니다.

　　몸이 불편한 친구는 친구가 많았습니다. 처음에는 접근하기가 쉽지 않지만 알면 알수록 속이 꽉 차 있는 배추처럼 인생의 선배 같단 생각을 하게 되었습니다. 위의 달리기 시합도 사실 자기가 간식을 사고 싶어서 일부러 달리기 시합을 하자고 할 정도니까요. 친구의 별명, 긍정 전도사의 말 중에 뚜렷하게 기억나는 게 있습니다.

"놀이기구를 한두 번쯤 타 보았을 거야. 놀이기구가 높은 곳에서 낮은 곳으로 쏜살같이 내려가면 위험하지. 근데 위험한 줄 모르고 타거든. 그 이유는 안전벨트를 착용했고, 그 안전벨트가 안전하다고 생각하기 때문이야. 나는 그 안전벨트가 긍정이라 생각해. 내가 부모님을 원망하고, 내 몸이 불편하다고 세상에 소리 질러보고 몸부림도 쳐 봤지만 모든 것은 변하지 않는다는 것을 알았어. 결국 내가 살기 위해서 변해야 한다는 것을 알았지."

친구의 별명이 하나 더 생각나는군요. '애늙은이.' 그 친구의 몸이 그를 더 성숙하게 만들었나 봅니다.

긍정 전도사. 그 친구는 지금 의과대에 잘 다니고 있을 겁니다. 꿈이 의사라고 하니 자신처럼 불편한 사람을 몸과 마음까지 치료해 주는 훌륭한 의사가 될 거라 믿습니다.

긍정적이고 용기를 주는 좋은 기사를 읽었습니다. 2015년 서울대 하계 졸업식에서 졸업생 대표 연설을 하는 정원희 씨는 뇌성마비 2급의 불편한 몸으로 봉사 활동은 물론이고, 3학년 때는 오스트리아 빈에서 10개월을 교환 학생으로 보낼 때 휠체어를 타고 유럽 10개 나라를 혼자 여행 다녔다고 합니다. 4학년 때는 연극무대에 오르기도 했던 그녀의 졸업 연설의 마지막은 이렇게 끝납니다.

"'가능하다.'고 말하면 그것은 가능해지고, '문제'라고 말하면 그것은 넘을 수 없는 벽이 됩니다. 힘겹게만 느껴지는 상황을 더 나은 방향으로 변화시킬 수 있는 건 오로지 자신뿐이라는 걸 기억했으면 합니다."[5]

맞습니다. 긍정으로 보고 변화하는 것도, 넘어져 일어나 다시 뛰는 것도 나 자신이라는 것을, 울림 있는 좋은 기사를 통해 알게 되었습니다.

성형외과 의사도 도저히 고칠 수 없는 것이 마음이라고 합니다. 긍정의 성형은 누구에게나 필요합니다. 긍정은 아침에 일어나 마시는 시원한 생수이며, 행운을 가져다주는 네 잎 클로버입니다. 긍정으로 인해 더 많이 웃었으면 좋겠습니다.

———

5) 《조선일보》, 2015년 8월 26일자 기사 참조

바라보는
시선

경영 인물탐구의 첫 번째 인물, 바로 현대그룹의 창업주 정주영 회장님입니다. 그분의 살아생전 경영에 관한 이야기를 찾던 중 2013년 3월 28일 조선일보 비즈에 나와 있는 이명우 교수님의 경영 수필의 내용을 요약해 발표했습니다.

1975년 여름, 석유파동으로 유가가 올라 중동 국가들이 달러가 넘쳐나는데 그 돈으로 사회 인프라 건설을 하고 싶어 한국에 건설 참여의사를 물었고, 파견 간 공무원들은 더위와 물 때문에 도저히 건설을 할 수 없다고 박정희 대통령에게 보고합니다. 박 대통령은 마지막으로 현대그룹 정주영 회장에게 상황을 보고 오라고 하고, 5일 후 사우디에서 돌아온 정 회장은 매우 긍정적인 보고를 합니다.

"중동은 건설하기 제일 좋은 지역입니다. 1년 내내 비가 오지 않아 공사를 할 수 있고 건설에 필요한 모래, 자갈이 현장에 바로 있습니다. 그리고 더우면 낮에 자고 밤에 일하면 되고, 물은 어디서든 실어 오면 됩니다."

정 회장은 같은 상황을 두고 남들이 보지 못한 기회, 남들이 찾지 못한 해결책을 찾아내는 능력이 있습니다. 이것이 '인사이트'[6]입니다.

우리 아버지가 정주영 회장님을 좋아하는 이유를 알겠습니다. 매우 긍정적이며 열정적이신 분이기 때문입니다. 공무원과 기업인이 보는 시선이 이렇게 다를 수 있구나 하는 생각도 했지만, 처음부터 할 수 있다는 긍정으로 접근했던 거 같습니다.

교수님의 평입니다.

"좋은 사례, 적절한 구성의 PPT, 기대 이상이라 마음이 흡족합니다. 기업인 정주영 회장이 우리 한국 경제에 누구와 비교할 수 없는 큰 업적을 남겼다고 생각합니다. 그리고 박정희 대통령은 한국이 산업화를 거쳐 신흥국에서 선진국으로 도달할 수 있게 경제 기초를 다져 놓은 분으로, 한국 근대사에 큰 발자국을 남긴 것은 누구도 부인할 수 없습니다. 저 상황에서 만약 박 대통령이 정 회장을 찾지 않고 포기했다면 어떻게 되었을까요? 적절한 적임자를 잘 찾은 통찰력도 나름 인상적이지만, 그보다 '우리는 할 수 있다'는 무엇과도 바꿀 수 없는 정신적인 큰 유산을 남겼습니다. 또한 현대그룹이 외국에서 건설 외화를 벌어 우리나라에 많은 힘이 되었습니다."

높은 건물을 쌓아 올릴수록 기초가 튼튼해야 합니다. 그 기초는 바로 저의 긍정적인 마음과 자세겠죠. 부정의 그림자가 저를 찾아오면 행복은 뒷문으로 사라지고 말 것입니다. 저 자신에 대해 긍정적으로 생각하는 게 우선일

---

6) 사전적 의미는 '직접적으로 이루어지는 명료하고 즉각적인 이해'로, '직관'이나 '통찰력'으로 번역할 수 있습니다.

거 같습니다. 세계의 명품 브랜드 세탁기에 부정과 미움을 넣고 돌려 긍정과 행복의 따뜻한 옷을 입었으면 좋겠습니다.

늦은 밤, 힘들더라도 고통의 결과는 바로 성장이라는 것을 믿으며, 내 자신을 부둥켜안고 긍정적인 생각으로 행복하고 보람된 대학생활을 하겠다고 별을 보며 약속합니다.

나의 마음이
나의 눈이
나의 발이 어디를 향하고 있는지요?

그래요. 전 긍정의 마음으로, 긍정의 눈으로,
긍정의 방향으로 두 발이 서 있길 바라고 있습니다.

Turning Point
긍정. 감사

처방전

"사람들은 육체의 운동은 하면서 왜 마음의 운동은 하지 않는 것인가? 니들이 철학을 알어!"라며 온 동네방네 떠들고 다니다 고성방가로 경찰서에 몇 번 다녀오고 심지어 벌금까지 문, 자칭 철학의 대가라는 외삼촌이 오랜만에 전화가 걸려 왔습니다. 대학생활은 어떤지? 눈에 들어오는 여자친구는 있는지? 동아리는 가입했는지 등등…. 마지막 당부의 말씀이 잠들기 전까지 귓가에 맴돌고 있습니다. "뭐든지 매사에 감사해라. 특히 부모님께…."

몇 년 전 일입니다. 고2 겨울 방학. 유명 사립대학교 철학과를 졸업한 외삼촌을 엄마는 현실성이 떨어지는 생활만 한다며 그리 탐탁하게 생각하지 않았습니다. 때마침 점심시간에 맞춰 찾아온 외삼촌이 식사를 맛있게 합니다. 외삼촌은 뭐든지 잘 드십니다. 그래서 이유를 물어봤습니다. 돌아온 대답은 간단했습니다. 며칠만 굶으면 김치 한 조각, 계란 하나도 임금님 수라상처럼 느껴진다고. 외삼촌은 하루 종일 굶은 것이었습니다. 덧붙여 "뭐든지 감사해라. 쌀 한 톨이 여기에 오기까지 농부의 노고, 음식 하나하나에 다 자연의 섭리가 있는 법이니, 감사해라!"라고 했습니다. 되물어 봤습니다. 어떻게 하면 감사할 수 있느냐고. 역시 외삼촌의 답은 저를 실망시키지 않습니다.

"너 영양제 먹지? 그것처럼 너의 몸속에 부족한 영양분을 먹는다고 생각하고 하루 3번, 식후 3분 감사해 봐라. 그 감사는 제철의 과일을 먹는 것과 같은 효과가 난다. 그리고 계속해서 감사하다 보면 삶이 좀 더 행복해질 거다. 행복의 첫걸음은 바로 감사한 일을 찾는 일이야. 아주 평범한 생활 속에서도 구준히 감사를 찾아야 한다. 너무 성적 비교에 스트레스받지 말고, 특히 자신에게 감사하는 것을 꼭 잊지 마라."

공부가 힘들고 어렵다고 했던 제 말에 외삼촌의 돌직구가 날아옵니다.

"이 추운 날씨 속 공사판에서 일주일 동안만 일해 봐라. 공부하는 게 쉽다고 느낄걸? 감사하게 생각해, 이 녀석아!"

외삼촌은 저한테 용돈 대신 꿀밤을 주고 갔습니다. 그때는 몰랐는데 지금 생각하면 외삼촌의 말씀이 맞습니다. 서로 비교를 줄이고 감사할 것을 찾아보는 게 현명한 일이었습니다. 저는 더 늦기 전에 당장 초인종을 눌러 '감사'를 불러 봤습니다. 그랬더니 저에게 반응이 옵니다. 저를 향해 힘내라고 응원할 것이라고. 감사는 참 고마운 동반자입니다.

보물찾기

아침 일찍 일어나면 거실에서 조간신문을 보시는 아버지의 모습이 어찌나 멋지고 부럽던지, 대학교에 가면 인터넷 기사 검색보다 꼭 종이 신문을 보리라 마음먹었습니다. 그래서 아침에 신문을 보면서 하루를 시작합니다.

CCM(Contemporary Christian Music) 음악감독 이기현 님은 개신교 교인이라면 많이 듣고 불러 봤을 소리엘의 '야곱의 축복'을 편곡하고 프로듀싱했다고 합니다. CCM의 대표적인 작·편곡자 겸 프로듀서로 꼽히는 그는 시각 장애인입니다. 그는 세상을 본 기억이 없다고 합니다. 미숙아로 태어나 인큐베이터에 들어갔는데, 병원의 산소 압력 조절 실수로 시신경이 끊어졌기 때문입니다. 그가 8살 때 마지막 희망을 붙드는 심정으로 기도원에 들어가 아홉 달을 지냈는데, 그곳에서 음악에 처음 눈을 떴다고 합니다. 그 후 그는 기타, 베이스, 드럼, 꽹과리, 장구 등 10종의 악기를 다룬다고 합니다. 인터뷰하는 기자가 물었습니다. "앞을 못 보는 것은 당신에게 축복인가?" 그는 주저 없이 "네."라고 답했다고 합니다.[7] 주저 없이 "네!" 저는 한동안 그의 신문기사에 시선을 뗄 수가 없었습니다. 앞이 보이지 않는데 축복 이라니요…. 계속 시선이 고정되는 순간 저는 너무 작아지는 것을 느낄 수 있었습니다. 숨고 싶었습니다. 시선이 점점 희미해지는 것은 그사이 저의 눈물샘이 터졌나 봅니다. 눈물을 닦고 마지막까지 기사를 다 읽어 내려갔습니다. 그는 고등학교 때 하나님을 원망했다고 합니다. 안마사 취업을 거부하고 음악 고집을 꺾지 않아 학교 선생님과 충돌을 했기 때문이랍니다. 그는 음악가로서의 꿈도 말했습니다. "비기독교인도 인정하는 음악 만드는 연주자, 프로듀서가 되고 싶다고."

그분에게 이 여백을 빌려 말하고 싶은 게 있습니다.

감사합니다. 저의 깊은 곳에서 잠자고 있는 감사를 깨우게 해 주셔서, 고맙습니다. 아름다운 음악을 들을 수 있게 해 주셔서, 세상을 원망 아닌 감사로 꿈을 꾸는 이기현 님을 응원하겠습니다.

저의 일기장 중 감사 노트에 가장 먼저 쓰였던 글입니다. 그리고 그다음의 글입니다.

전 감사할 일을 초등학교 소풍 때 설레는 마음으로 보물 찾듯이 찾겠습니다. 비교는 최대한 줄이고 내 안에 긍정과 감사의 나무에 물을 주고 가꿀 것입니다.

———

7) 《조선일보》, 2013년 2월 22일자 기사 참조

그리고 힘들고 어려운 일이 생기면 다행이다. "왜냐하면 ○○○"으로 저를 위로 하겠습니다. 난 내 장점을 계속 계발할 것이며, 꾸준히 긍정으로 유지할 것입니다. 앞으로 어두운 먹구름이 몰려오고, 어려움의 파도, 거친 파도가 몰려와도 긍정과 감사를 가지고 그 파도 위를 걸어 보겠습니다.

아버지, 어머니, 건강한 몸을 주고 성인이 될 때까지 보살펴 주신 은혜에 감사합니다. 내가 누군지도 잘 모르겠고, 어머니의 바람대로 해낼 자신이 없어 미운 오리 새끼처럼 사춘기 방황할 때 저의 모습을 보며, 힘들어 눈물을 흘리시는 어머니를 전 숨어서 보았습니다. 그런데도 그때는 왜 그 마음을 몰랐는지 모르겠습니다. 하지만 이제는 조금, 조금 알 것 같습니다. 보이지 않는 넓은 바다 같은 가슴으로 저를 안아주고 인내하며 지켜봤다는 것을, 그리고 고비마다 제가 힘들어 넘어지고 쓰러져 있을 때 아무 말씀 없이 저를 업고 갔다는 것을, 어머니께 빚진 마음으로 보답하며 살아가겠습니다. 사랑합니다. 고맙습니다. 그리고… 감사합니다. 어머니!

감사하세요

건강한 삶을 위해서 '생활과 건강'이라는 교양과목을 신청하고 첫 번째 강의 시간이었습니다. 한 학기 강의 계획을 말씀하시고 남는 시간에 인생의 경험담을 이야기해 주셨습니다.

"여러분 제가 얼마나 잘 나갔는지 모르시죠? 틈나는 대로 세계 여행을 다녔고, 대한민국에서 가장 비싼 차, 재벌 회장이 부럽지 않은 집을 가지고 있었습니다. 부모님께 물려받은 것이 아니라 혼자 자수성가해서 언론에서도 성공한 인물로 소개되기도 했습니다. 돌아보면 그때가 조금, 아주 조금은 그립기도 하지만 전 지금이 더 행복하고 좋습니다. 그 이유는 너무나 힘든 시간을 보냈기 때문입니다."

교수님의 말씀이 진공청소기처럼 저를 빨아들이는 것 같았습니다.

"돈을 많이 버니까 오만해지더군요. 성공했으니 앞으로도 성공할 거라는 생각은 초등학교 동화 속 이야기라는 것을 알게 되었습니다. 성공하면 개인과 회사는 자만에 빠진다는 것을 까마득히 잊고 있었던 것이죠. 주변 환경이 저를 그렇게 만들기도 했지만 돌이켜 보면 제가 다 부족한 탓이었습니다. 환율로 인해 사업이 어렵게 되어가자 주변에 있는 사람들이 하나둘 저의 곁을 떠나기 시작했습니다. 그러면서 회사는 부도가 나고 건강까지 잃고 말았습니다. 컵라면 먹을 돈도 없고, 쫓기는 신세가 되어 인생 바닥까지 내려가 제가 생각한 단어가 뭔지 아십니까?"

잠시 침묵의 시간이었지만 오랜 시간이 흐른 것 같았습니다. 교수님은 주변을 살펴셨습니다. 그리고 차분히 힘주어 말씀하셨는데, 의외의 답에 깜짝 놀랐습니다.

"감사였습니다. 감사, 사업이 잘되니까 저 잘나서 그런 줄만 알고 감사를 모르고 있었습니다. 만약 사업이 잘되었을 때 작은 것이라도 감사하고 겸손했다면 쉽게 저의 주변 사람들도 떠나지 않고, 건강까지 잃어 가면서 인생 바닥까지 떨어지지 않았을 거라 생각합니다. 그 후로 저는 보약을 먹는다 생각하고 매사에 '감사합니다.', '감사해요.'를 입버릇처럼 했습니다. 그 후 건강이 회복되고 지인이 도와줘 새롭게 시작한 사업이 조금씩 회복되고 나서 좋은 것을 같이 나누어야 되겠다 결심한 후 공부를 하게 되어 지금 이 자리에 서게 되었습니다."

교수님의 말씀이 이어졌습니다. "요즘 젊은이들이 인내심이 부족하다는 말을 많이 합니다. 여러 가지 이유가 있겠죠. 바름보다 빠름을 강조해서 생긴 부작용과 비교와 경쟁을 부추기는 사회적인 분위기, 자본주의에 길들여진 편안함 등 몇 가지 이유 중에, 전 작은 것도 나누지 못하고 감사하지 못했기 때문이라 생각합니다. 지금 여기에 여러분이 있는 것은 여러분의 노력도 있지

만 여러분을 걱정해 주고 도와주었던 주변 분들이 있다는 것을 꼭 기억하고
감사하세요. 공기가 있어 숨을 쉬고, 물이 있고, 먹을 것이 있는 것에 감사하
세요. 식당에서 내 돈 내고 먹었다고 해도 감사하다고 인사해 보세요. 당연한
것부터 감사하세요. 잃고 나서 후회하는 것보다 현명한 방법 아닌가요?"

2003년 성격 사회 심리학 저널에 발표된 연구에 의하면 감사한 사람은
더 건강하며, 감사한 사람은 긍정적 감정을 자주 느끼고, 감사한 사람은 사회
생활도 잘한다고 합니다.[8] 감사의 힘, 교수님이 감사하면서 건강이 회복되었
다는 것을 위의 사례가 증명해 주고 있었습니다. 감사가 이렇게 큰 힘이 있는
줄 몰랐습니다. 어른들이 감사해라, 작은 것도 감사하라는 말씀을 왜 많이 했
는지 이제야 알 거 같습니다. '싱싱한 감사의 열매를 매일 매일 가슴속에 넣
으라.'는 교수님의 말씀이 삶을 살아가는 살아있는 지혜인 것 같습니다.

다음 날, 대학 캠퍼스에 정장 차림의 예비 졸업생들이 밝은 표정으로 졸
업사진을 찍고 있었습니다. 저분들은 정말 행복할까? 나는 저맘때쯤 어떤
모습을 하고 있을까….

---

8)   에이미 모린, 유혜인 옮김, 『나는 상처받지 않기로 했다』, 비즈니스북스, 2015

새벽을 여는 사람

　　고등학교 겨울방학 때 친구와 함께 용돈이 필요해 아르바이트를 하려고 새벽에 인력소개소를 찾아간 적이 있었습니다. 겨울의 매서운 칼바람을 이겨내며 새벽에 길게 늘어서서 순서를 기다리는 분들, 승합차가 약속이나 한 듯 몇 명씩 차에 태우고 빠르게 사라집니다. 다음의 순서를 기다리면서 초조하게 기다리는 몇 분이 눈에 들어 옵니다. 그분들은 하루하루 일을 하면서 생계를 이어 가는 분들인 것 같습니다. 7시가 넘어서 발길을 돌리는 몇 분의 뒤를 따라 우리들의 첫 아르바이트 도전은 그렇게 실패로 끝났습니다.

　　깊은 밤, 잠이 오지 않아 혼자서 뒤척이다 전에 교수님의 감사 이야기를 생각하며 떠오른 고등학교 추억의 한 페이지입니다. 그때 일자리가 없어 잔뜩 움츠린 몸을 이끌고 겨울의 아침을 쓸쓸히 걸어가는 뒷모습이 생생하게 기억납니다. 그분들은 지금 어떤 일을 하고 계실까? 직장에 취직은 하셨나? 학생이란 신분이 감사했고 이런저런 생각을 하다 잠이 들었습니다.

　　수능이 끝나고 명사 초청 시간에 의사 선생님이 살다가 정말 힘들다면,

병원 응급실에서 삶과 죽음의 길에 서 있는 분들을 보고 건강하게 살고 있음을 감사해라. 바로 어제 죽은 분이 그렇게 살고 싶어 했던 오늘을 살고 있는 것에 감사하라고 했습니다. 오늘 저는 맑은 하늘을 보면서 감사를 느꼈습니다.

감사 교수님이 수업 중에 하신 말씀입니다.

"심리학계에서 재미있는 연구 결과가 발표되었습니다. 일반적으로 성공한 사람들이 행복할 것이라고 믿는 것과 반대로, 행복하다고 느끼는 사람일수록 성공할 가능성이 크다고 합니다. 마음의 풍요는 못 가지고 있는 것에 대한 불평이 아니라, 아무리 작은 것이라도 가지고 있는 것에 대한 감사한 마음을 갖는 것입니다. 돈이라는 것도 없으면 불편한 것이지 결코 불행한 것이 아닙니다. 돈에 대해서 인생의 선배로서 잠깐 말씀을 더 드려야겠습니다. 여러분도 이제 성인이니 돈을 잘 관리하는 지혜를 가져야 합니다. 돈은 어떻게 해서든 벌 수 있습니다. 저는 버는 거 못지않게 소비가 중요하다고 생각합니다. 소비는 꼭 필요한 곳에 계획을 세워서 지출하는 즉, 합리적인 소비가 필요합니다. 명품만을 좋아하고 보여주기 위한 과소비를 한다면, 얼마 못가 여러분은 카드의 노예, 신용사회의 낙오자가 될 것입니다. 수입과 지출의 균형을 맞춰야 삶에도 균형을 맞출 수 있습니다. 훗날 여러분의 배우자를 만나게 되면 그 사람의 소비 습관을 꼭 보기 바랍니다. 그리고 한 가지 더. 되도록 주식은 하지 마세요. 주식 해서 잘되었다는 사람들 거의 없고 있어도 나중에 보면 끝이 좋지 않습니다. 주식은 나중에 후회를 동반합니다. 명심하세요! 주식은 투자가 되어야지, 투기가 되어는 절대 안 됩니다."

수많은 정신적 지도자도 일관되게 긍정과 감사를 가르쳤다는 것을 저는 교수님을 통해 알게 되었습니다. 긍정과 감사는 파면 팔수록 솟아나는 샘물입니다.

긍정과 감사의 촛불을 켜겠습니다. 숨어 있던 긍정의 마음에
온기를 불어넣겠습니다. 그리고 나를 따뜻하게 안아 보겠습니다.

희망

나를 일어서게 하는 힘

힘이 들면,
오르다 숨차면,
지치고 포기하고 싶으면,
나한테 기대.
그러면 너에게 난 희망을 준다.

젊음은
희망입니다

　　우리는 88만원 세대, 공무원, 교사만을 선호하며 참을성이 적은 20대라고 말을 합니다. 우리가 설 자리는 점점 좁아지고 그중에서 부모 잘 만나 해외에서 스펙 쌓는 아이들과 특수채용으로 고속도로 톨게이트의 하이패스 구간을 빠르게 통과하는 아이들을 볼 때 정직하게 살아온 많은 청춘은 슬퍼합니다. 최소한 사회가 공평하게 기회를 줘야 되는 거 아닌가요? 젊은 세대의 또 다른 대안으로 창업을 권하지만 아이디어가 아닌 연대보증인으로 창업하고 양극화의 속도는 더 빠르게 가속페달을 밟고 있는 것만 같습니다.

　　위의 이야기는 제가 가입한 마케팅 동아리 회장님이 새내기 환영회 때 하신 말씀입니다. 그러면서 마음에 담아 놓은 현실의 어려움을 계속 토해 냅니다. 그래도 나름 성실하게 대학 생활을 했는데도 서류 전형에서조차 떨어지는 경우가 많아 괜히 위축되고 있다고, 그래도 웃으시면서 마지막 멋진 말씀으로 마무리하셨습니다.

　　"그래도 난 희망을 버리지 않고 계속 도전할 거야. 내가 저 콧대 높다는 취업의 문을 뛰어넘는 것을 보여줄 테니 너희도 지켜봐 줘."

고3 여름이 생각납니다. 한참 지치고 힘든 시기였습니다. 졸리고 공부에 집중이 되지 않고 있을 때 담임 선생님이 말씀하십니다.

"겨울에 연 날려 본 적 있어? 도시 녀석들이라 잘 모르겠지. 그 연이 바람을 이겨내며 높은 곳에서도 버티고 있는 힘이 뭔지 아냐? 그건 연줄이다. 끈! 그 끈은 바로 희망이다. 끈이 끊어지거나 놓치면 절망의 나락으로 떨어진다. 그러니 연의 끈, 바로 희망, 잘될 거야. 잘될 거라는 긍정의 그 희망을 붙잡고 조금만 참아라! 정상이 바로 앞에 있다."

동아리 선배님의 말씀과 고3 담임 선생님의 말씀이 맞습니다. 인터넷을 보다 이런 글이 보입니다. '젊음은 희망이다!' 젊다고 다 좋은 것은 아니지만, 너무 아파하지 않기로 했습니다. 저의 희망을 저울로 달아 보면 얼마나 나갈까요? 그 무게를 결정하는 것은 바로 저의 마음이겠죠! 그래서 저 자신에게 희망의 편지를 써 봅니다.

사랑하는 나에게…

그래, 여기까지 오느라 고생했다. 초등학교, 중·고등학교를 거쳐 대학교 입학까지… 힘들었지? 희망이 없으면 계획도, 실천도 할 수 없다고 했던가? 어떤 경우에도 희망을 잃고 싶지 않아 이렇게 글로 흔적을 남기네. 시간은 지금을 보여주지만 희망은 내일을 밝히잖아. 난 잘될 거라는 희망이 있으니 내일이 더 밝아지겠지. 힘내자, 응? 잘할 수 있지? 아니 성민아, 넌 잘할 거야!

부모님에게도 20대의 시절이 있었습니다. 오래전 앨범 속에서 부모님이 다정하게 찍은 사진이 기억납니다. 연애 시절에 찍은 사진이라고 합니다. 20대 때 부모님의 꿈은 무엇일까 하고 여쭤본 적이 있습니다. 어머니의 대답은 지극히 간단했습니다. 내 집 마련. 80년대는 근무 환경은 좋지 않았지만 취직이 잘되어서 알뜰하게 모으면 집을 살 수 있어서 첫 번째도, 두 번째도 '내 집 마련'이었다고 합니다. 지금의 20대 청춘은 내 집 마련이 꿈이라고 답하는 사람이 많지 않을 겁니다. 지금은 취업, 취업입니다.

부모님의 희망이 저이기에 모처럼 길게 어머니에게 전화로 안부를 전합니다. 어머니의 목소리가 휴대전화를 타고 들어와 저의 몸을 따뜻하게 감싸는 것 같습니다. 어머니와의 대화가 별이 졸고 있는 깊은 밤에도 계속되었습니다.

희망
나를 일어서게 하는 힘

희망의 온도

　　조금 지난 영화지만 학교에서 추천하는 영화를 보게 되었는데 크리스 가드너의 실화를 바탕으로 만든 〈행복을 찾아서〉입니다. 지독하게 가난한 집 넷째 아들로 태어나 학업을 포기하고 첫 직장의 의료기기 외판원은 경제 불황으로 파산합니다. 무능한 남편이 싫은 아내는 떠나고, 아들과 함께 지하철 화장실에서 잠을 자며, 인생 실패자였던 그가 증권사 인턴 지원자 60명 중 1명의 직원 채용에 도전합니다. 학력도, 경력도 내세울 것도 없는 그는 수화기를 내려놓는 시간까지 절약하며 쉴 새 없이 전화하고, 화장실 갈 시간을 아끼기 위해 물 마실 시간도 줄였습니다. 그리고 마침내 6개월 후 당당히 정식직원이 되며 갑부가 된다는 내용입니다. 영화 속 주인공이 힘들 때마다 꺼내 들었던 카드, 꿈을 찾아가는 험난한 여행 속의 안내자는 아마도 희망일 거라 생각합니다.

　　스마트폰의 추억의 상자, 사진을 열어봅니다. 고3 야자 시간에 교실에서 서로 열공하는 사진, 복도에서 얼차려를 받는 사진, 졸업식장에서 찍은 사진, 그 친구들은 무엇을 하고 있을까요? 졸업식장에 보이지 않았던 사진 속

친한 친구 2명은 지금 재수를 하고 있습니다. 저 혼자 대학에 온 거 같아 괜히 미안합니다. 관계가 더 멀어지기 전에 조심스럽게 이메일을 보내봅니다.

봄의 새 기운처럼 동현이에게도 행복한 기운이 넘쳐나길…. 지방으로 내려온 지 한 달 보름 동안 집에도 한번 안 가고 이곳에서 바쁘게 보내면서 문득 너의 생각에 컴퓨터 앞에 앉았지만 무슨 말을 먼저 꺼내야 할지 생각이 나지 않아 오랜 시간 동안 모니터만 멍하니 바라보았지. 그동안 잘 지냈어? 공부는 잘되고 있고? 나는 너처럼 용기가 나지 않아 재수의 길을 포기하고 가고 싶은 대학보다 나에게 맞는 대학에 왔는지 모른다. 하지만 넌 나하고 다르다는 것을 잘 안다. 이를 악물고 공부하는 너의 모습, 부러우면서도 한편으로는 정말 무서웠다.

얼음물에 여러 사람이 오래 견디는 실험을 했는데 한 사람이 거의 2배에 가까운 기록을 세웠지. 그 이유는 옆에서 격려해 줬기 때문이야. "잘될 것이다. 잘되고 있다."는 응원의 힘이 있었던 거라는 것을 아니. 내가 알고 있는 또 하나의 응원의 이야기가 생각나는데, 영화 〈믿음의 승부〉에서 데스크롤로 최선을 다해 50야드를 간다고 했던 브락은 눈을 가린 채 80야드를 갔지. 코치의 응원, 할 수 있다. 포기하지 말고 최선을 다하라는 그 응원이 숨겨져 있던 30야드의 잠재력을 끌어낸 게 아닐까?

먹이와 따뜻한 곳을 찾아 4만 km를 날아가는 기러기를 아니? 선두 기러기를 중심으로 V자 대형을 그리며 머나먼 여행을 하지. 이들은 먼 길을 날아가는 동안 끊임없이 울음소리를 낸다. 그 울음소리는 앞에서 거센 바람을 가르며 힘들

희망
나를 일어서게 하는 힘

게 날아가는 기러기를 응원하는 소리야.[1] 친구야, 난 너를 응원한다. 잘될 거야. 희망을 온도를 높여라! 안부를 묻는 것이 어색하지 않도록 자주 메일 보낼게. 그럼 이만.

　　중간고사 끝나고 오랜만에 고향으로 향하는 고속버스에 몸을 실어 봅니다. 봄은 잠시 머물다 가고 여름을 부르고 있습니다. 계절의 여왕 5월, 바쁜 농부의 모심기 준비가 눈에 들어오더니 그만 창문에 기대어 잠들었습니다. 깨어 눈을 떴을 때 창밖에는 도착한 버스 유리 너머로 어머니가 저를 바라보고 계셨습니다. 손을 흔드시는 어머니, 재빠르게 버스에 몸을 내려 어머니를 안아 봅니다. 어머니의 가슴이 이렇게 포근하고 따뜻한 줄, 사랑의 온도가 이렇게 뜨거운 줄 전에는 미처 몰랐습니다.

---

1)　톰 위샴, '기러기 이야기'

희망의 등대

석 달 만에 찾아온 집은 낯설기보다 잠시 여행 갔다 돌아온 것처럼 모두 제자리에 있었습니다. 저녁 식사 준비에 분주하신 어머니의 등 뒤의 모습이 오늘따라 왜 이리 작아 보이는지요. 어머니는 아버지가 오늘 저녁에 늦을 거라는 말씀을 하시며, 생전 아들 밥 먹는 것을 처음 보듯 이것저것 먹으라고 간섭이 심합니다. 늦은 시간, 몸을 가누지 못할 정도로 만취하신 아버지가 쓰러지듯 안방으로 들어가 눕습니다. 저는 다음 날이 되어서야 아버지가 저를 알아보지 못할 정도로 술을 마신 이유를 알게 되었습니다. 바로 아버지의 실직입니다. 임원 승진에 몇 번 실패했다는 것은 알았지만 회사를 그만두어야 하는 건지 이제야 알았습니다. 의외로 아버지는 예전부터 알았다는 듯 담담한 표정을 지으며 오히려 불안해하는 어머니를 위로하고 계셨습니다. 아버지는 잠깐 나가시고, 어머니가 마트를 간 사이 전 아버지에게 편지를 써 식탁 위에 올려놓고 학교로 향하는 버스를 탔습니다. 당당했던 아버지가 저의 눈을 마주치는 것이 불편해하는 것을 느끼는 순간, 잠시 자리를 피해 주는 게 나름 현명하다고 생각했기 때문

입니다. 지금쯤 저의 편지를 읽고 게시겠죠.

초등학교 첫 입학 때 많은 부모님들 사이에 저는 아버지를 보았습니다. 직장도 휴가 내시며 달려온 아버지, 입학선물로 장난감을 사 주시던 아버지의 그 부드러운 손이 세월이라는 시간과 함께 거칠게 변했다는 것을 전 이제야 알았습니다. 베이비부머 세대의 고단한 모습을 저에게 보이고 싶지 않다는 당당한 아버지. 새벽, 창문을 통해 비친 그림자를 통해 힘들었던 아버지의 모습을 알 수 있었습니다. 애써 울음을 참으시는 아버지의 모습을 보았습니다. 소리 없는 울음의 의미가 회사에 대한 서운한 감정인지, 아니면 새로움에 대한 두려움인지 저는 잘 모르겠습니다. 그러나 아버지, 저는 이제 어린아이가 아닙니다. 괜찮습니다. 저나 어머니께 미안해하실 필요 없습니다. 우리 가정을 위해 최선을 다했다는 걸 누구보다 저는 잘 알고 있습니다. 아버지! 아버지가 어두운 곳을 밝혀 주는 것은 희망이라고 했잖아요. 그 희망의 햇불을 들고 다시 새로운 곳으로 나가는 것도 그리 나쁘지는 않을 것 같습니다. 두 손을 모아 아버지께 희망을 품고 힘내시라고 이 세상에서 가장 큰 소리로 응원하겠습니다. 잘될 겁니다. 사랑합니다.

아버지에게 문자가 왔습니다.

키운 보람이 있네. 조심해서 내려가고, 희망을 선물해 줘서 고맙다.

희망을 놓지 않는 한 행복도 그리 멀리 있지 않겠죠. 희망은 항상 어려움을 극복해 주는 강력한 힘이 있으며, 어둡고 힘든 곳을 비추는 큰 등대와 같다는 것을 전 믿습니다.

희망
나를 일어서게 하는 힘

희망
The Turning Point

아버지의 실직이 가정 모두의 일이라 생각하니 며칠 동안 어수선한 마음을 잡기가 어려웠습니다. 대학 축제, 동아리 MT 등 나름 바쁜 시간이 저의 마음을 치료해 주었습니다. 아버지는 제2의 인생을 위해, 새로운 직장과 창업을 두고 고민을 하고 계신 듯합니다. 학교에서 마침 성공스토리 외부 강연이 있어서 참석하게 되었습니다. 그분의 강의를 요약하면 이렇습니다.

　"성공한 사람들의 공통점을 아세요? 첫째 그들에게는 '실패'가 있었다는 겁니다. 세계적인 프랜차이즈 KFC 창업자 커넬 샌더스 할아버지는 68세 창업까지 투자자들에게 3년 동안 1,008번 퇴짜를 맞았고, 에디슨은 2,390번의 실패 끝에 필라멘트를 만들었습니다. 지그 지글러의『정상에서 만납시다』는 30개의 출판사에서 거부당했고, 다니엘 데포의『로빈스 크루소』는 20개 출판사에서 거절당했습니다. 또『갈매기의 꿈』,『러브스토리』도 12번 이상 거절당했습니다. 알리바바 창업자 마윈 회장은 중학교 시험에 3번, 대학도 3번 낙방했고 취업에도 30번 넘게 떨어졌다고 합니다. 여러분들이 잘 아시는 미국 프로농구의 전설적인 농구황제 마이클 조던에게 어떻게 성공할 수 있었는지를 물었더니 그는 "나는 선수 시절에 9,000번 이상 슛을 놓쳤다. 거의 300회의 경기에서 패했고, 경기를 역전시킬 수 있는 슛 기회에서 26번 실패했다. 나는 살아오면서 계속 실패를 거듭했다. 이것이 내가 성공한 이유다."라고 했습니다. 수많은 성공 사례는 실패 없이 이야기할 수 있을까요? 답은 없습니다. '실패학'이라는 학문도 있습니다. 실패를 연구하는 학문입니다. 미국 미시간 주 앤아버에는 '실패 박물관'이 있습니다. 이 박물관은 로버트 맥머스라는 마케팅 전문가가 1960년대부터 각 회사의 실패작을 수집한 것에서 비롯되었습니다. 이곳은 시장에서 실패를 맛본 7만여 점이 전시되어 있다고 합니다. 전시된 상품이 실패할 거라 생각하고 만든 제품일까요? 절대 아닙니다. 그러나 실패 박물관에 있는 물건이 새로운 제품을 만드는데 아이디어를 제공하며, 실패의 원인 분석을 통해 성공으로 가는 새로운 메시지를 주기도 합니다. 그러니 실패는 반드시 교훈이 따르고 성공의 예방주사를 맞는다는 말이 맞습니다. 야구의 강타자일수록 삼진을 많이 당하며, 세계적인 베스트셀러 성경의 등장인물도 성공의 이야기 못지않게 실패의 이야기들이 수없이 많이 나옵니다. 링컨, 에디슨, 라이트 형제[2] 등도 수많은 낙선과 실패의 연속이었습니다. 모든 기업도 수 없는 시행착오와 실패 없이 성공한 기업은 없습니다. 성공을 돋보기로 자세히 들여다보면 그곳에 실패가 수없이 많았다는 것을 알 것입니다. 2,000번의 실패가 그들에게 보약이었다는

----

[2]   그들의 최초 비행 기록은 12초였다고 합니다.

제약회사의 성공스토리가 생각납니다. 로버트 슐러는 '실패란 아무것도 이룬 것이 없다는 말이 아니다. 단지 무언가를 터득했다는 의미일 뿐이다.'라고 했습니다. 잔잔한 바다는 유능한 뱃사람을 만들지 못합니다.

두 번째 성공인의 공통점은 '긍정적인 사람들'이라는 것입니다. 매사에 부정적인 사람들은 성공할 수 없습니다. 만약 성공해도 그리 오래가지 못합니다. 부정은 마음과 시선을 올바로 볼 수 없게 합니다. 긍정적이고 적극적인 사람 앞에는 방법이 보이고, 그렇지 못한 사람에게는 변명과 핑계가 먼저 생각이 납니다. 성공한 사람들도 어려움과 시련이 없었던 건 아닙니다. 그 어려움을 다시 긍정적 사고로 헤쳐나간 것입니다. 긍정적인 사고는 자신의 능력을 향상시켜 줍니다.

마지막 세 번째가 바로 '희망을 품고 있는 사람들'입니다. 희망은 험한 바다 위의 구명조끼요, 뜨거운 사막의 오아시스이며, 소낙비를 피해 줄 우산과도 같습니다. 위에서 열거했던 수많은 실패도 희망을 버리지 않았기에 성공으로 다시 탄생했던 것입니다."

강의는 2시간가량 이어졌습니다. 과 선배님들은 성공강의는 비슷한 스토리가 많다고 합니다. 바로, 실패, 긍정, 희망, 그리고 목표, 실천… 하지만 저는 처음 듣는 거라 신선했습니다. 지금 우리 아버지에게 필요한 것은 미래에 대한 희망이 필요합니다. 그래야 지금 실직에 대한 고통을 줄일 수 있으며 반전을 시킬 수 있으니까요. 아버지의 터닝포인트는 바로 '희망'입니다. 100만 명의 휴학생 시대에 우리 청춘의 희망은 무엇일까? 저 자신에게 계속 질문을 해 봅니다.

우리에겐 희망이
필요합니다

휴~ 대학에 들어온 지 얼마나 되었다고 벌써부터 취업준비 동아리에 가입하는 친구를 보고 참 이렇게까지 해야 하나 생각도 해 봤지만, 지금 청춘의 희망 없는 미래를 볼 때 당연한 현상인지 모릅니다. 내가 졸업할 때는 얼마나 더 치열할까 생각하니 끔찍합니다.

보람된 대학생활을 위한 강의가 있어서 강사로 나온 교수님의 말씀을 옮겨 봅니다.

"여러분의 대학 합격과 입학을 늦게나마 진심으로 축하합니다. 매년 되풀이되는 것이지만 오늘 이 순간 여러분에게 제가 무슨 말을 할까 항상 고민합니다.

일단 교수가 아닌, 앞선 인생을 살아온 선배로서 미안하게 생각합니다. 이유는 여러분의 희망을 뺏는 것 같아서입니다. 우리 시절에는 열심히 노력하고 성실하게 살면 부자가 될 수 있다는 희망을 품고 살았습니다. 그 희망은 다소 불편하지만 어려운 생활을 감당할 수 있는 힘을 주었습니다. 지금은

3포, 5포를 한다고 하는데 어찌 보면 좋은 것을 주지 못한 미안함, 기성세대의 무게를 그대로 물려 주는 것 같아 무한한 책임을 느낍니다. 어느 정권, 어느 정치인 모두 가장 중요시 하는 것이 경제 활성화, 청년 일자리입니다. 그러나 긍정적인 성과를 내지 못해 늘 아쉽습니다.

본론으로 들어가서 여러분들이 대학 생활 동안 꼭 가지고 가야 할 것, 바로 '희망', 희망을 잃지 말라는 이야기를 하고 싶습니다. 여러분! 사람이 가장 힘든 것이 무엇인지 아십니까? 내일에 대한 희망이 없어서 힘든 겁니다. 희망이 없어서. 그러니 잘될 거야, 할 수 있다는 희망을 가슴속에 품고 있다면 힘들어도 슬기롭게 대학생활을 잘할 수 있을 것입니다.

2001년 미국에서 발생한 9·11 테러 당시 뉴욕시장, 오프라 윈프리 등 각 언론과 방송에서 초점을 맞춘 공통점이 있었습니다. 그건 바로 '희망'이었습니다. 테러의 아픔을 이겨 낼 수 있다는 용기를 줄 수 있는 단어는 희망입니다.

또 하나의 사례입니다. 1942년 11월 23일 로몬드 영국 상선이 55인의 승무원을 태운 채 남대서양에서 침몰했습니다. 133일간 구명보트에 생존한 사람이 바로 푼 림이라는 중국 사람인데 그는 물과 고기를 잡아먹으면서 살았습니다.[3] 그에게 삶의 희망이 없었다면 생존이 가능했을까요? 어림없는 일입니다. 1915년 남극 탐험에 나선 28인의 537일간의 도전과 사투를 담은 실화 『살아있는 한 우리는 절망하지 않는다』에서 그들이 수많은 어려움을 극복할 수 있었던 것은 가족에게 돌아갈 수 있다는 희망이 있기에 가능했고,

---

3)   폴 임, 『책 속의 책』 1·2·3, 평단문화사, 2003

2015년 개봉한 영화 〈마션〉이라는 영화 속 주인공은 사고로 화성에 혼자 남아 있었지만 반드시 돌아간다는 간절한 희망이 그를 움직이게 했습니다.

역사를 되돌아보면 불경기가 우리의 삶에 고통만 주는 것은 아니었습니다. 더 밝은 세상으로 일보 전진하기 위한 발전적 촉매 역할도 했습니다. 그러니 여러분의 마음이 어둠만 보지 말고 희망을 보고 긍정적인 마음을 항상 유지하도록 부탁드립니다. 그리고 커피 3~4잔 값으로 여러분의 인생을 바꿀 수 있는 책, 책을 읽지 않는 사람에게는 미래가 없습니다. 책을 많이 읽고 여러분만의 깊이 있는 생각으로 지식의 내공을 쌓기를 바라며, 행복한 캠퍼스 생활이 되길 진심으로 기원합니다."

간단하게 요점을 정리하면 희망이 지금과 미래의 저의 삶에 울타리가 되어야 한다는 것입니다. 희망의 장애물은 불신과 부정의 먹구름입니다. 헬렌 켈러의 명언이 있습니다.

'희망은 볼 수 없는 것을 보고, 만질 수 없는 것을 느끼고, 불가능한 것을 이룬다.'

청춘에겐 미래의 희망이 필요합니다. 그리고 용기를 주는 책도 필요합니다.

버릴 수 없습니다.
포기할 수 없습니다.
꼭 붙잡아야 합니다.
나를 응원하는 가장 큰 힘, 희망!

청춘에게
전하는 여섯 가지
공감이야기

신장개업新裝開業

　'안녕하십니까?'라고 서로 묻기도 힘든 요즘, 4학년으로 복학한 과 선배님이 게시판에 붙인 제목이 바로 신장개업, 희망식당을 연다는 겁니다. 내용은 이렇습니다.

　우리에게 희망이 있는 걸까요? 스펙과 자격증이 우리의 미래이자 희망이라고 말하지만 청춘들은 불안하기만 합니다. 잠시 고민의 짐을 내려놓고 희망식당에 와서 희망찌개를 드시고 힘내세요. 희망식당은 남녀노소 누구나 대환영이며 가격은 무료입니다. 주문만 하면 곧바로 나오니 마음에 들지 않습니까? 자~ 지금부터 '희망찌개' 요리를 시작해 볼까요? 누구에게도 공개하지 않는 비법을 공개합니다.

　'희망'이라는 주재료와 '목적'과 '목표'를 넣고 요리합니다. '감사'라는 소금도 넣고 최고의 비법을 자랑하는 '행복마음'이라는 양념을 넣습니다. '긍정'의 물도 적당하고 '실천'의 불도 최상입니다. 이렇게 잘 섞다 보면 둘이 먹다 하나가 죽어도 모를 기가 막힌 명품 '희망찌개'가 탄생합니다. 자기계발서에 나온 최상의 싱

싱한 재료가 여기에 다 들어가 있습니다.

　학우 여러분! 기말고사가 끝났는데 방학이라고 좋아하기는커녕 고개 들어 하늘 한번 보지 못하고 앞만 보고 달려가지만, 결국 스펙과 취업 앞에 넘어지고 맙니다. 그러면 'So What' 하면서 희망찌개를 드시고 다시 용기를 얻길 바랍니다. 사실 우리의 청춘은 넘어지는 것보다 일어설 용기가 부족하지 않았나 저부터 반성해 봅니다. 즐겁고 행복한 방학 보내세요~

　아버지는 새로운 직장을 알아보지만 뜻대로 되지 않는지 창업 쪽으로 마음을 잡으신 듯합니다. 저도 제주도 여행경비를 스스로 벌고 싶어 삼겹살집에서 아르바이트를 하기로 했습니다. 제가 아르바이트 중 잠시 쉬면서 아버지에게 보낸 장문의 문자입니다.

골프공은 300~500개의 홈이 있다고 합니다. 일반 밋밋한 공은 65m 날아가고 홈이 있는 골프공은 275m 날아간다고 합니다.[4] 지금 아버지는 골프공의 홈처럼 가슴에 상처가 있지만, 그 상처를 딛고 골프공처럼 더 멀리 날아가 성공할 일만 있을 겁니다. 희망을 잃지 마시고 힘내세요~^.^ 파이팅!

처음 하는 아르바이트. 오랜 시간 서 있으니 허리와 무릎이 아파 옵니다. 삼겹살 불판은 아무리 닦아도 기름이 잘 빠지지 않습니다. 저의 인내의 부족과 불평의 기름때처럼.

지방까지 내려오신 아버지. 아르바이트 후 아버지와 같이 길을 걸었습니다. 희미한 도심의 가로등 사이로 걸어가면서 아무 말씀이 없으신 아버지. 아버지가 살며시 저의 어깨를 잡아주실 때 보았습니다. 희망의 눈동자를.

———

4)　폴 임, 『책 속의 책』1·2·3, 평단문화사, 2003

설 렘

비정규직 600만 명 시대라고 합니다. 저와 같은 세대의 사람들은 어떤 희망을 품고 있을까요? 어려워도 그래도 희망만은 버리지 말아야 한다는데…. 아픔이 있어도 상처를 치유하는 비상약은 바로 희망이며, 그 희망으로 인해 성장한다고 하는데…. 세찬 태풍의 비바람을 견디며 외로이 서 있는 먼 산의 나무를 보며, 미래에 대한 걱정으로 생각에 잠겼습니다.

세상에 존재하는 것은 대부분 서로 기댄다고 합니다. 힘들 때 기대는 지팡이처럼, 삶이란 긴 여행 중에 기댈 수 있는 것, 바로 희망이란 친구 아닌가요?

몇 주일 동안 팀플과 과제, 그리고 시험 준비로 인해 정말 힘든 나날을 보냈습니다. 아쉬움이 남지만 지난 과거는 저의 힘으로 바꿀 수 없기에 앞으로 더 잘될 거라는 긍정적인 생각을 했습니다. 모처럼 여유 있게 일기를 쓰기 위해 모니터 앞에 앉아 봅니다. 잠시나마 지치고 힘들었지만 유일한 존재인 저한테 칭찬의 말을 하고 싶습니다. '지금까지 잘했고, 앞으로도 잘

할 거야.'

내 인생의 그림을 그리는 붓은 제가 쥐고 있습니다. 인생의 하얀 도화지에 어떻게 좋은 그림을 그릴지는 저의 몫입니다. 행복한 그림을 그리는 좋은 재료는 바로 긍정과 잘될 거라는 희망이겠지요.

희망주식회사의 '엔도르핀'이라는 상품이 있습니다. 이 엔도르핀은 운동을 하거나 기분이 좋아질 때 분비되는 것으로 신체 각 기관의 노화를 방지하고, 암세포를 파괴하며, 병균도 물리치고 기억력을 강화하는 능력이 있다고 합니다. 이 상품의 주원료는 긍정과 감사, 그리고 희망이 들어가 있습니다. 그러나 엔도르핀보다 4,000배 이상의 효과가 있는 것은 바로 '다이돌핀'이라고 합니다. 다이돌핀은 큰 감동을 받아야 나타난다고 합니다. 다이돌핀은 아니더라도 엔도르핀이라는 상품은 긍정과 희망이 있다면 무료로 받고 먹을 수 있으며, 품질보증도 평생입니다. 다만 저의 마음을 어떻게 가지냐에 따라 약의 효능이 다르게 나타나겠지요.

바람의 느낌으로 계절의 변화를 알 수 있다고 하는데, 새벽바람의 공기가 초여름을 느끼게 하고 있습니다. 이번 주 금요일은 과 선배님의 주선으로 처음 소개팅을 합니다. 누가 나올까? 기대되고 설렙니다. 좋은 여자친구를 만날 수 있다는 희망. 이것도 어찌 보면 기분 좋은 희망 아닐까요. 전 벌써 요일을 넘고 뛰어 시간에 올라타 금요일로 가 있습니다.

희망 프로젝트

경영전략 시간에 주어진 팀플 과제가 있습니다. 바로 '이익을 남겨 경제를 활성화하라.'는 프로젝트입니다. 이 과제는 한 팀을 5명으로 구성해 팀이 팔고자 하는 것을 조달해 팔고, 그 이익금을 가지고 전통시장에서 소비를 하는 과제입니다. 단, 3가지 조건이 있습니다. 첫째, 전체 팀원들이 참여를 할 것. 둘째, 투자금은 10만 원을 넘지 말며, 사행성 물건을 팔지 말 것. 셋째, 이익금을 전통시장에서 사용하고 상인분들이 왜 장사를 하는지, 그리고 상점 앞 간판에서 팀 전체 사진을 찍는데 학교의 이름이 한자씩 들어간 간판을 찍는 것입니다. 미션이 다 끝나면 팀 발표를 해야 합니다.

위의 과제를 열심히 해야 하는 이유를 교수님이 말씀해 주셨습니다.

"여러분! 이번 과제를 수행하면서 가슴으로 많이 느꼈으면 합니다. 첫째, 책으로만 배우지 말고 실전에서 활용할 수 있는 여러분만의 차별화 전략을 세워 보기 바랍니다. 둘째, 최대한 이익을 내세요. 아르바이트가 아니라 전문 장사꾼인, 경영자라고 생각하기 바랍니다. 그리고 이익금은 팀원과 상의해 합리적인 소비를 해 주기 바랍니다. 셋째, 전통시장의 상인들과 대화를 많이 하기 원합니다. 현장 CEO 분들의 생생한 이야기를 통해 많은 것을 얻어 내길 기대하겠습니다. 그리고 구석구석 다녀 보세요. 아마도 학교 이름이 들어간 간판 이름의 사진을 하나씩 찍으려면 많이 돌아봐야 할 것입니다. 그러면서 자연스럽게 팀원들과 많이 대화하며 프로젝트를 통해 느끼는 것을 발표했으면 합니다. 이번 기말고사는 이번 과제로 대신합니다. 발표 시간은 10분, 채점은 저와 발표 팀 외 다른 팀과 같이하며 그 자리에서 순위를 발표하겠습니다."

프로젝트 시간은 한 달, 바로 팀원 회의와 중간 점검을 하면서 팔 물건을 정했습니다. 의견이 분분했지만 조금씩 양보를 하면서 마무리를 했습니다. 여기서 조율을 하는 팀장의 역할이 중요하다는 것을 깨달았습니다. 팀장은 바로 저였습니다.

토요일 아침, 팀원 전원과 전통시장에 들러 장을 보고 바로 계룡산 등산로 입구로 향했습니다. 우리 팀은 미리 섭외한 곳에 포스터를 걸고 꿀차와

매실 등 음료와 파전, 막걸리를 가지고 주말 등산객을 상대로 장사를 시작했습니다. 가만히 있으니 손님들도 아무 반응 없이 지나만 갔습니다. 이러다 안 되겠다 싶어 팀장인 제가 등산객들을 상대로 소리를 내어 유인했습니다. 지금 생각하면 무슨 말로 했는지 잘 생각이 나지 않지만, 저로 인해 다른 팀원도 따라 하게 되었습니다. '나비 효과'가 일어난 것입니다. 순식간에 준비한 것을 다 팔았습니다. 만들어간 포스터도 한몫했습니다. '임진왜란 이후 최고의 빅 세일', '이순신 장군님이 마셨던 그 막걸리와 파전' 등 전혀 근거 없는 내용이지만 등산객을 유인하는 데 최고였습니다. 생각보다 장사가 잘되어 다음 주에 한 번 더 했고 나름 좋은 결과를 얻었습니다. 손익을 계산해 보았습니다. 그러나 생각보다 이익을 내지는 못했습니다. 이유는 자리 섭외를 하면서 자릿세라는 즉 임대료가 차지하는 비용이 만만치 않았기 때문입니다. 장사를 하는 분들이 임대료 때문에 문을 닫는 경우가 이런 거라는 것을 뼈저리게 알게 되었습니다. 다음 과제는 전통시장에 들러 팀원들과 학교 이름이 한자씩 들어간 간판 앞에서 사진을 찍고 상인분들과 대화를 하는 것이었습니다.

팀 발표 시간이 돌아왔습니다. 각자 준비한 PPT 자료를 보면서 그동안 준비한 각 팀원들의 반짝이는 아이디어가 많았지만, 한 팀원의 마지막 말이 인상적이었습니다.

"전 태어나서 전통시장에 처음 가봤습니다. 이곳저곳 둘러 보고 상인분들과 대화를 하면서 사람 냄새가 나는 곳이라는 것을 느꼈습니다. 한 분 한 분 굴곡이 있는 삶과 장사를 하게 된 사연은 전부 다르지만 한 가지 공통점이 있었습니다. 그건 바로 '희망'을 가지고 계셨습니다. 희망의 크기는 점점 줄어들고 있었지만 그분들의 희망은 우리 같은 자녀들이었습니다. 조금만 참으면 이번 학기 등록금, 하루 장사가 잘되면 자녀의 하숙비, 천근만근 이고 지고 무겁고 무거운 몸을 이끌고 새벽부터 저녁 늦은 시간까지 참으면서 오늘은 잘될 거야, 잘될 거야…."

발표자는 말을 더 잇지 못했습니다. 분위기가 숙연해졌습니다. 몇몇 학생은 흐르는 눈물을 훔치고 있었습니다. 우리들의 부모님들은 절벽의 끝에서 희망이라는 자녀를 부둥켜안고 버티고 계셨던 것이었습니다.

우리는 8개 팀 중 2위를 했습니다. 육체적으로 힘들었지만 이번 과제로 많은 것을 느끼게 되었습니다. 희망에는 엄청난 힘이 붙어 있고, 심장을 뛰게 하는 이유와 웃게 하는 마법 같은 묘한 매력이 있습니다. 살아가면서 가장 큰 실수는 '희망'을 버리는 것이라는 아버지의 말씀을 쓰면서, 오늘 일기장을 덮습니다.

오늘보다
더 나은 내일

　　'어제보다 오늘, 오늘보다 내일'이라는 제목으로 지금 대학생이 하루하루를 어떻게 보내고 있는지, 한 동아리에서 설문조사를 한 적이 있습니다. 하루하루 반복되고 의미 없는 생활을 한다는 응답자가 무려 90%가 넘었습니다. 최선을 다하는 삶이 아닌 희망 없는 내일을 뜻하는 것입니다. 청춘의 삶은 앞으로 나아질 게 없다는 절망에 가까운 비명, 도무지 웃을 일이 없다는 선배님들의 말씀이 저의 가슴을 답답하게 하고 있습니다.

　　며칠 전 외삼촌이 지나는 길이라며 우리 학교를 찾았습니다. 점심 식사를 같이하고 학교 운동장을 걸으면서 외삼촌이 말씀하십니다. "전공은 잘 선택한 거 같냐?" "뭐, 할만합니다. 재미있는 것도 있구요." "다행이네… 근데 그 전공책을 많이 읽고 공부해도 눈물이 날까?" 눈물, 의외의 말씀에 저는 무슨 뜻인지 알 수가 없었습니다. 잠시 더 걷다 나무 그늘에 앉아 푸른 잔디가 깔린 운동장을 보며 이어서 말씀하십니다. "사람들은 먹고살기 바쁘지. 그러다 보니 인문학을 외면하지만 삶에 근본이 되는 것을 모르고 어떻게 행복한 삶을 살 수 있을까? 결국 나를 모르고 다른 것을 안다는 것은 때론 정말 어리석은 일이지. 요즘 젊은이들은 알아야 할 우선순위가 바뀌었다고나 할까. 성민이가 전공하는 것은 먹고 사는 문제를 해결해 줄 거야. 하지만, 가슴을 따뜻하게 하거나 눈물을 적시게 하는 감동은 줄 수 없어. 캠퍼스 생활이 너무 낭만적이지도 않고, 너무 차갑지도 않았으면 한다." 저는 외삼촌의 깊은 뜻을 잘 몰라 그저 경청하고 있을 뿐입니다. "누구나 겨울이 가면 따뜻한 봄이 올 거라는 희망을 품고 있지. 오늘보다 더 나은 내일, 그 내일이 행복하기 위해 나부터 알고 무엇을 해야 하고, 왜 해야 하나 천천히 생각하며… 힘내라!" 전 감사하다고 인사를 했습니다. 갈 길을 재촉하는 외삼촌의 뒷모습을 보며 질문을 했습니다. "희망과 행복의 답이 무엇인가요?" 가는 길을 멈춰 돌아서는 외삼촌이 웃으며 대답합니다. "답… 벌써 너의 가슴 속에 있잖아!"

희망
나를 일어서게 하는 힘

　　나 자신을 먼저 알고, 내가 왜 미래를 위해 노력하는지 분명한 이유를 가슴속에서 답을 찾으라는 외삼촌의 말씀입니다. 희망은 저절로 오는 것이 아니라 내가 부르고 잡아야 합니다. 비가와야 무지개가 뜬다고 합니다. 비를 맞는 힘든 시기를 거쳐야 땅도 굳어지고, 아름다운 무지개를 볼 수 있습니다. 지금 힘들고 지쳐있어도 희망이라는 버팀목으로 이겨 내겠습니다.

　　오늘보다 더 나은 내일을 위해, 오늘 저는 긍정적인 생각으로 희망의 볼륨을 높이기 위해 일기장의 마지막 글을 써봅니다.

　　희망은 나를 움직이게 하고 인내하게 한다.

희망여행

　　　　　　　　　　얼마 전 여름방학을 이용해 혼자서 제
주도 배낭여행을 갔었습니다. 여행은 가서 보고, 체험하고, 생각을 정리하기
도 하지만 막상 여행을 간다는 생각 그 자체만으로 즐거운 것 같습니다. 이
번 여행은 특별한 계획 없이 제주공항에 내려 공항 안내소에서 지도 한 장
얻어 마음의 길을 따라 발길 닿는 곳으로 가는 것이었습니다.

　　제주도, 어디인지 모르는 지역, 그냥 끝없이 푸르게 펼쳐져 있는 바다,
시선의 끝자락을 붙잡고 바다를 가로질러 한가로이 지나가는 고깃배가 여유
로움을 말해 줍니다. 낯설 거라고 생각했던 공기들은 포근하게 다가왔고, 바
다와 함께 혼자 걷는 느낌은 폐 속에 있는 도시의 찌꺼기까지 말끔히 씻기어
내려가는 것 같습니다. 그사이 바람이 친구를 하자며 저의 옷을 만지며 계속
따라옵니다.

　　잠시 멈춰 벤치에 앉아 있습니다. 자연도 멈추고, 저의 생각의 시간도 멈
춰 그냥 먼 바다만 보고 있습니다. 자연마저도 저의 쉼을 허락하는 것 같습
니다. 기억의 저편에 숨어 있는 추억의 보따리를 꺼내보니 초등학교 입학한

그해 부모님과 함께 서해안의 만리포 해수욕장에서 바다를 본 것이 처음 이었습니다. 빨간 등대가 인상 깊었던 그 바다, 그 넓은 백사장의 모래가 생각 납니다. 다시 일어나 길을 나섭니다. 나를 일어서게 하는 힘은 무엇인가? 갈 곳, 그곳에 가면 쉼이 있고 기댈 수 있다는 희망이 있기에 저는 길을 걷습니다. 결국 쉴 곳이 있다는 희망이라는 것을 붙잡고 가는 것이었습니다.

로마의 사상가 키케로는 '삶이 있는 한 희망은 있다.'고 했습니다. 희망에 대한 좋은 예를 하나 찾았습니다.

빛을 차단한 큰 물통에 생쥐를 넣었을 때 쥐는 3분 만에 죽습니다. 그러나 큰 물통에 강한 빛을 비추었을 때 생쥐는 무려 700배가 넘는 36시간 동안 헤엄을 칩니다. 쥐에게 빛은 희망이었습니다.[5]

700배가 넘는 힘, 그 희망이라는 것을 걸으면서 생각해 봤습니다. 희망

---

[5] 조엘 오스틴, 정성묵 옮김, 『최고의 삶』, 긍정의힘, 2010

은 자산입니다. 희망은 계획을 낳습니다. 희망은 꿈을 만들어내는 생산 공장이며, 희망은 지쳐있는 사람들을 열정적이게 만들기도 합니다. 내 꿈에 날개를 달아주는 것 또한 희망입니다. 희망이 있으면 넘어져도 오뚝이처럼 다시 일어납니다. 희망은 포기하지 않는다는 증거이며, 운동화 끈을 고쳐 매고 다시 뛰겠다는 또 하나의 다짐이자 약속입니다.

이번 여행을 통해 전 희망을 찾고 희망을 붙들어야 한다는 것을 알았습니다. 희망이 행복한 삶의 길잡이가 될 것이며, 그 희망이 내 인생을 전환시켜 주기 때문입니다. 긍정과 감사를 더하면 희망이 됩니다.

내가 하고자 하는 일, 바라는 일, 그 일에 희망을 놓지 않기 위해 밤하늘의 별을 보면서 다짐합니다. 희망은 언제나 내 곁에 있으니 꼭 붙잡고 갈 거라고, 별이 소낙비처럼 쏟아집니다. 제주도의 별을 가슴에 담아 봅니다. 그리고 안아 봅니다.

"희망의 힘이 생명을 연장시킬 수 있듯이,
분명 희망은 운명도 뒤바꿀 수 있을 만큼
위대한 힘이라고."

장영희, 『살아온 기적 살아갈 기적』, 샘터, 2009

꿈

꿈을
현실로

도망가지 마. 내가 널 지켜 줄게.
놀라지 마. 내가 널 안아 줄게.
너는 나의, 너는 나의 꿈이니까!

청춘의 꿈엔

가을 학기가 시작되었습니다. 물러설 줄 모르고 버티고 있던 여름은 시간의 힘에 밀려 가을에게 자리를 내주고 있을 무렵 우리 대학 총학생회장님의 인터뷰 기사를 신문에서 보았습니다. "우리는 꿈꾸는 것조차도 사치입니다." 취업의 스펙을 위해 휴학하고 캠퍼스 대신 학원을 선택한 과. 동아리 선배님의 이야기는 그리 큰 이야깃거리가 아닙니다. 같이 입학한 과 친구들 2~3명도 보이지 않습니다. 오늘따라 그들의 빈자리가 커 보입니다. 곰곰이 한번 생각해 봤습니다. 꿈꾸는 것도 사치…

그날 밤, 혼자 노트북 앞에 앉아 내가 생각하는 꿈이 무엇인지, 써보기로 했습니다. 근데… 놀랍게도 단 한 줄도 확신에 찬 글을 옮길 수 없었습니다. 그건 그동안 대학 입시 이외 생각하지 못했던 저의 좁은 시선이 거울처럼 보였기 때문입니다. 하지만 꿈은 사치라는 표현에 전 동의하고 싶지 않습니다. 꿈꾸는 것은 결코 사치가 아니기 때문입니다. 꿈은 누구나 가질 수 있는 필수품입니다. 하지만 꿈을 너무 어렵게 생각하거나 너무 멀리 있다고 생각해서 마치 전설 속에 나오는 상징처럼 여겼던 게 사실입니다. 그래서 저는 큰 꿈부터 사소한 작은 것도 꿈이라고 생각하고 하나하나 이루기로 했습니다. 단기, 중기, 장기로 계획을 세워 졸업할 때 뭔가 달라져 있는 저를 기대하면서 오늘 첫 번째 꿈을 적어 봅니다. '이번 학기 전체 평균 성적은 A입니다.' 충분히 실천 가능합니다.

매일 밤, 늦게 자는 일이 반복되면서 아침에 일어나는 것이 점점 어렵습니다. 아침을 거르는 일이 잦아 지면서 아침 먹는 것도 귀찮아졌습니다. 대충 계란에 간장을 비벼 먹는 것이 전부. 이건 게으름의 벌레가 점점 저의 몸에 파고들어 튼튼하다고 자부했던 저의 마음의 벽을 허물고 있다는 증거입니다. 정신을 차리고 하루하루 최선을 다하겠다고 다짐하면서 지금 저한테 맞는 사자성어를 떠올려 봅니다. '자승최강自勝最强', 자신을 이겨내는 것이 가장 강한 것입니다.

꿈은 인생을 향기롭게 한다고 합니다. 그러나 그 향기는 저절로 만들어지는 것이 아닙니다. 바로 노력, 꾸준한 자기 관리와 인내와 실천을 요구하며, 그만큼 대가를 지불해야 꿈이라는 녀석을 만날 수 있습니다. 저의 꿈엔 영양분이 필요합니다. 긍정, 감사, 희망, 목표, 실천의 영양분을 잘 섞어 내가 바라는 꿈이 현실로 꼭 이루어질 수 있도록 오늘도 저 자신과 싸워 이기겠습니다.

환경이 아니라 내가
꿈을 포기하는 것입니다

        영국 유명한 정신분석학자인 J. A 하
드필드는 힘의 심리에서 3명의 남자에게 악력계를 누르게 했을 때 평균 101
파운드가 나왔습니다. '당신의 아귀힘은 매우 약하다.'고 암시했을 때 29파
운드로 평균보다 1/3로 줄었고, 이와 다르게 '당신의 손아귀 힘은 매우 강하
다.'고 암시를 준 후 측정했을 때는 평균보다 41파운드가 많은 142파운드가
나왔습니다.[1] 정신이 육체에 미치는 영향을 하나 더 예를 들어 보겠습니다.

    러시아의 슈퍼헤비급 역도 선수인 바실리 알렉세이프는 역도계에서 좋
은 기록을 보유한 우수한 선수였습니다. 그러나 그의 기록은 250kg에서 멈
추었습니다. 의사와 학자들은 250kg이 한계라고 말했는데, 한 심리학자가
251kg을 올려놓고 249.5kg이라고 말하라고 했습니다. 그는 251kg을 번쩍
들어 올렸습니다. 이후 그는 7년 동안 80차례나 세계신기록을 경신했습니

---

1)   데일 카네기, 이채윤 옮김, 『돈과 고민에서 벗어나는 인생법칙』, 아이디어북, 2003

다. 할 수 없다는 마음의 벽을 깬 것입니다.[2] 육체적 피곤도 따지고 보면 정신적 원인에서부터 시작되는 경우가 많다는 것을 책을 통해 알게 되었습니다. 자신의 한계는 누가 쌓아 놓는 것이 아니라 나 스스로 만들어 놓은 것을 알고부터, 꿈도 어려운 환경이지만 내가 생각하기에 따라 반전과 역전을 시킬 수 있다고 믿습니다. 꿈을 포기하는 것은 주변의 환경이 아니라 내가 포기하는 것입니다. 주변의 어려운 환경은 좀 더 노력을 요구할 뿐, 저의 꿈을 포기하라는 것이 아닙니다.

꿈은 엘리베이터를 타고 순식간에 정상으로 올라가는 것이 아니라, 한 걸음 한 걸음 밟으며 올라가는 계단처럼 작은 노력의 결실이 모여 꿈이 되는 걸 전 알고 있습니다. 그러나 꿈만 꾼다고 모두 이루어지는 것은 아닙니다. 목표와 실천이 함께해야 합니다.

졸업식장에 서 있는 미래의 나의 모습은 과연 어떤 모습일까? 꿈을 이룬 모습일까? 아니면 새로운 출발선의 연장선일까? 전 꿈을 꾸고 싶습니다. 어려운 주변의 환경으로 꿈을 절대 놓칠 수 없습니다. 장대 높이 뛰기 선수가 뛰어넘을 수 있다고 믿어야 넘을 수 있듯이, 어려움을 넘을 수 있도록 스스로 다짐해 봅니다. 그래 난 할 수 있어! 난 해 낼 수 있어! 내 능력을 어항 속의 금붕어처럼 가두지 않겠습니다.

---

2)　　니시다 후미오, 하연수 옮김, 『된다 된다 나는 된다』, 흐름출판, 2005

나도 장외 홈런을
칠 수 있습니다

755명 중 750등의 야구선수가 변호사가 된 이종훈 님의 기사를 읽은 기억이 있습니다. 그 후 잊고 있었는데 한 라디오 프로에 출연한 것을 들으면서 많은 시사점을 주는 것 같습니다. "좋아하고 열심히 한다고 모두 잘할 수 있는 것은 아니라는 것을 알았습니다."[3] 이종훈 변호사의 말씀입니다. 이종훈 님은 고2 때 야구를 그만두었습니다. 위의 이야기처럼 열심히 한다고 다 되는 것이 아님을 알았던 것입니다. 키도 170㎝에서 자라지 않아 체력적인 한계도 있었답니다. 그가 공부를 시작할 때 얼마나 힘들었을까요? 공부와는 담을 쌓고 살았던 건 위의 성적이 증명해 주고 있었습니다. 고 2인데 처음 공부를 시작한 것은 중학교 1학년 수학, 영어부터 다시 시작했고, 그 해 2학기 기말고사에서 27등을 했다고 합니다. 하면 된다는 것을 알게 되었던 것입니다. 방송의 끝 무렵 해 주고 싶은 이야기가 있냐는 아나운서의 질문에 "공부를 잘하는 학생 말고 열심히 해도 성적이 오

---

3) 《동아일보》, 2012년 10월 18일자 기사 참조

꿈
꿈을 현실로

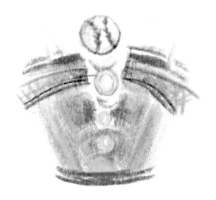

청춘에게
전하는 여섯 가지
공감이야기

르지 않거나 성적이 낮은 학생은 한번 2~3개월 동안 집중해 열심히 해 보기 바랍니다. 그렇게 공부하면 성적이 오르고, 그 맛을 보면 공부를 더 잘하게 될 것입니다. 성적 향상의 참맛을 모르기 때문에 포기하는 것 같습니다."

마지막 인터뷰가 머릿속에서 떠나지 않습니다. "성적향상의 맛, 목표한 꿈을 이룬 달콤한 맛은 어떤 맛일까?" 저는 이런 생각을 해 봤습니다. 꿈을 하나하나 이뤄 가는 맛을 느끼면 어떨까 하는 생각이요. 그 꿈의 사다리를 하나씩 밟아 올라가면서 성취감을 느끼다 보면 마지막에는 정상에 있을 겁니다.

저는 압니다. 꿈이 너무 무거워 들어 올릴 수 없는 역기라면 작은 것부터 포기하지 않고 들어 올리면 됩니다. 9회 말 투아웃에 역전 홈런을 치는 것도, 승리의 버저비터를 향한 슛을 쏠 수 있는 것도 결국 포기 하지 않았기에 얻을 수 있는 것입니다. 중요한 것은 포기하지 않으면 행복의 장외 홈런을 누구나 칠 수 있다는 겁니다.

전에 아버지께 꿈이 뭐냐고 여쭤 보았습니다. 아버지는 초등학교 때는 택시 운전기사였다고 했습니다. 그때만 해도 승용차가 귀할 때라 차 타고 돌아다니고 싶어서 그랬답니다. 그러나 지금은 아버지의 꿈이 변해 있다는 것을 압니다. 저도 자라면서 꿈이 변해가고 있습니다. 아버지와 저의 꿈의 최종 목표는 행복한 삶입니다.

고개 숙인 청춘

시간이 지나도 계속해서 떠오르는 꿈, 며칠 전 생생하게 꾼 꿈을 옮겨 봅니다.

산속에서 혼자 길을 잃어버렸습니다. 어딘지 모르지만 점점 깊은 수렁으로 빠져만 가는 것 같습니다. 산속에서 길을 잃으면 다시 정상으로 올라가야만 합니다. 정상에 서야 가야 할 곳이 어디 인지 방향을 찾을 수 있기 때문이죠. 다행입니다. 아직은 밑에 있지만 숲 사이로 정상이 희미하게 보입니다. 더 늦기 전에 서둘러야 합니다. 점점 어두워지고 있고, 식량은 바닥이 났습니다. 이렇게 시간이 흘렀는지 미처 몰랐습니다. 하늘에서는 조금씩 비가 쏟아집니다. 가랑비에 속옷 젖듯이 점점 옷에 물이 스며들고, 신발에 물이 들어가 한 걸음씩 옮기는 자체가 벅차고 힘듭니다. 거친 숨을 몰아쉬며 억지로 한두 발씩 올라가는 내내 한번 방향을 잘못 잡은 것의 후회와 잘못 간 길이라는 것을 알았을 때 바로 결단하지 못한 자신을 원망하지만, 저는 신이 아니기에 흘러가 버린 시간을 다시 돌려놓을 수 없습니다.

다시 힘을 내어 계속 올라가지만 누군가 뒤에서 잡아당기는지 정상하고의 거리는 좁혀지지 않습니다. 덥석 주저앉아 버렸습니다. 그냥 울어 버렸습니다. 비와 함께 그냥 서글퍼 펑펑 울어 버렸습니다. 내가 왜 여기 있을까? 어쩌란 말인가? 이러지도 저러지도 못하는 지금의 나는 무엇인가? 한참을 울고 나니 속이 시원합니다. 하지만 너무도 깊은 곳으로 내려와 올라가야 할 길은 아직 멀기만 합니다. 힘을 내지만 생각만큼 쉽지 않습니다. 어둡고, 춥고, 배고프고, 옷과 신발 속 양말까지 다 젖었습니다. 땅은 질퍽거립니다. 발에 힘이 동이나 지탱하는 것조차 벅찹니다. 최악의 상황입니다. 이보다 더 바닥은 없을 것 같다는 생각이 듭니다. 이제 겨우, 겨우 산을 벗어났습니다.

캠퍼스 벤치. 바람을 타고 힘없이 나뒹구는 낙엽이 저의 발을 스치고 지

나갑니다. 구직란을 수시로 확인하며, 서류를 넣고, 면접, 합격자 발표를 기다리고 실패, 또다시 시작… 희망 없는 힘든 시간의 연속은 계속되고, 또 다른 실패의 트라우마에 시달립니다. 그러다 잠에서 깨어났습니다.

계절은 돌고 시간은 지나가도 언제나 그대로인 하늘, 모처럼 하늘을 보았습니다. 그 순간 태풍처럼 휘몰아치는 바람이 저의 마음을 사정없이 흔들어 버리고 사라졌습니다. 잎 하나 없이 버티는 나무처럼, 뻥 뚫리고 공허해집니다. 희망의 꿈을 뿌리고 있는 많은 젊은 청춘은 지금 저와 같은 고민을 하고 있겠지요. 꿈이 무엇이고 직장이 무엇인지, 행복한 삶이 무엇인지, 내가 잘하고, 잘할 수 있는 게 무엇인지, 그리고 나의 미래는 어떻게 펼쳐질 것인지, 한 치 앞도 보이지 않는 안갯속을 걷는 것만 같습니다.

잠자고 있는 꿈을 깨웁니다.
꿈이 진솔하지 않아 아파했던 지난날을 되돌아보니
꿈 중에는 당당하지 않은 꿈은 없었습니다.

꿈
꿈을 현실로

대둔산 정상

              늦은 가을, 포장마차에서 호떡과 떡볶이, 어묵을 파는 할머니가 계셨습니다. 늘 웃는 얼굴이신 그 할머니는 60세가 훨씬 넘어 보이는 분입니다. 하루는 저녁 늦은 시간 출출한 나머지 호떡이 먹고 싶어 혹시나 하는 마음에 찾아갔습니다. 다행히 늦게까지 일을 하고 계시더군요. 늘 밝은 표정의 할머니, 너무 늦게까지 힘들지 않냐는 저의 물음에 소박한 꿈이지만 조금 후면 이루어진다고 하시며 방긋 웃으시는 것이었습니다. 연세가 많으신 할머니에게 꿈이 다 있다니 그 꿈이 뭐냐고 여쭤워 보았습니다. 대답은 너무나 구체적이었습니다. 내년에 고3 손자가 대학교에 들어가면 첫 번째 등록금을 내주는 것 등. 더 감동적인 것은 어려운 곳에 일부를 꼭 기부하겠다는 말씀에 저 자신이 너무 부끄러웠습니다. 참 멋진 할머니요. 젊게 사시는 할머니십니다.

    세상사 모든 사람들이 저의 스승이라고 생각하면서 호떡 할머니에게 참 배울 것이 많다는 것을 알게 되었습니다. 꿈을 위해 노력하는 모습은 나사처럼 풀려져 있는 저의 생활에 활력을 불어 넣기에 충분했습니다.

꿈
꿈을 현실로

학과 MT를 대둔산으로 갔습니다. 전날 늦은 시간까지 잠을 자지 못해 정상에 오를 수 있을까 걱정하면서 다음 날 아침 대둔산을 오르기 시작했습니다. 과 회장님이 "바라는 꿈이 정상에 있다. 중간에 포기는 없다고 생각하며 올라가는 거다." 저는 산을 오르면서 내내 속으로 "난 할 수 있다. 정상에 선다. 난 할 수 있다. 정상에 선다."라는 말을 수백 번, 아니 수천 번 계속하면서 올라갔습니다. 한참을 갔을까요. 고개 들어 산을 보니 바로 정상 앞에 서 있더군요. 가슴이 터질 것 같았습니다. 어지러워 덥석 주저앉아 버렸습니다. 정신을 차리고 주변의 시야를 확보하는 데 잠시의 시간이 필요했습니다. 너무도 파란 하늘을 이렇게 가까이 보는 희열을 느꼈으며, 하늘은 층층의 색을 달리하고, 구름은 저에게 뭔가 글씨를 써서 말하는 것 같았습니다. 그 날 대둔산 정상의 바람과 공기의 맛은 지금도 잊을 수 없습니다. 힘들었지만 내 안의 또 다른 나와의 싸움에서 이기는 기쁨을 알게 되었습니다. 그리고 저 자신에게 대견하다고 칭찬을 아낌없이 해 주었습니다.

돌아오는 차 속에서 꿈은 내가 마음먹기에 따라 이루어지는 것을 알게 되었습니다. 저의 꿈은 행복하게 살기입니다. 행복은 무척 주관적이지만 우선 직업을 가져야 합니다. 한국 100대 기업에 취직, 30살 이내에 마이카를 갖는 것이 저의 목표이자 꿈입니다. 취업의 기회가 점점 줄어들고, 기회 또한 평등하지 않지만 도전하겠습니다. 오늘 대둔산 정상을 오른 것처럼.

꿈과 직업

저는 한국의 100대 기업에 취직하고 싶습니다. 하지만 취업의 기준이 조금씩 변하기 시작한 것은 한 방송사의 영상과 고 스티브 잡스의 스탠퍼드 대학교 졸업 연설문이었습니다. 내용은 이렇습니다.

1960~1980년, 20년 동안 미국 아이비리그 대학의 직업선택 동기에 따른 부의 축적 여부에는, 돈을 많이 버는 직업에 83%(1,245명)가 지원했고, 나머지 17%(255명)는 자신이 좋아하는 직업에 지원했습니다. 백만장자가 101명 나왔는데 100명이 자기가 좋아하는 일을 택한 쪽에서 나왔습니다. 고 스티브 잡스가 스탠퍼드 대학 졸업 연설문에서 직업의 중요성을 강조했습니다. 그는 연설문에서 "나를 이끌어간 유일한 힘은, 내가 했던 일을 사랑했다는 것에서부터 나왔다고 믿습니다. 여러분은 자신이 사랑하는 것을 찾아야 합니다. 당신이 사랑하는 사람을 찾는 것과 마찬가지로 일에서도 같습니다." 라고 말했습니다.

안철수 국회의원도 자신의 저서 『안철수의 생각』에서 이렇게 말합니다.

"내가 잘하는 것과 하고 싶은 것은 확실히 다르다는 것을 알아야 합니다. 하고 싶다고 해서 다 잘하는 것이 결코 아니기 때문입니다. 농구의 황제로 불리는 마이클 조던이 한때 농구를 은퇴하고 자신의 어릴 적 꿈이었던 야구선수가 된 일이 있잖아요. 하지만 마이너리그를 벗어나지 못했고, 결국 다시 농구선수로 돌아왔죠. 하고 싶다고 해서 반드시 잘할 수 있는 것이 아니기에 욕심을 내려놓는 것이죠."[4] 머릿속이 혼란합니다. 저는 그냥 행복하기 위해 직업을 원했을 뿐인데⋯. 사실 행복과 꿈, 그리고 직업은 분리해서 생각할 수 없다는 것을 이제야 알 것 같습니다. 그럼 어떻게 내가 잘하는 일을 찾을 수 있을까. 평소 존경하는 교수님께 물어봤는데 3가지를 말씀해 주셨습니다. 잘하는 것을 찾는 것은, 시간 가는 줄 모르고 일을 하는 것이 있는가? 똑같은 일을 반복해도 지루함을 못 느끼고 좋은가? 활기(열정) 있게 그 일을 할 수 있는가? 위의 3가지 상황을 보고 자신에게 맞는 것을 찾아보라고. 단, 게임은 절대 아니라면서⋯.

　가을의 낙엽이 바람을 타고 강의실 유리창을 스치고 갑니다. 내가 잘할 수 있는 것을 오랜 시간 찾아보았습니다. 깊이 있게 생각해 보았습니다. 조언도 구해 봤습니다. 그렇게 세월은 첫눈이 내리는 겨울로 가고 있었습니다. 저의 작은 결론은 몸으로 부딪치면서 찾아보자 였습니다. 겨울 방학에 새로운 아르바이트를 하면서 생각해 보기로 했습니다. 그러나 아르바이트를 한 지 며칠 후 알았습니다. 아르바이트는 그저 아르바이트일 뿐이라는 것을. 평생 식당청소, 택배 분류, 편의점을 직업으로 선택하고 싶은 분들이 몇 명이

---

4)　안철수, 『안철수의 생각』, 김영사, 2012

나 있을까요? 내가 잘하는 일을 찾는 것과 직업선택의 고민도 겨울 날씨만큼 추워지고 있을 무렵, 조금 시간이 지난 방송프로를 보게 되었습니다.

SBS 예능프로 〈스타킹〉에서 지민 양의 피아노 연주를 들을 수 있었습니다. 잠시 어머니를 위한 즉흥곡의 멜로디는 음악을 잘 모르는 저도 마음속 어딘가 깊게 파고드는 감동을 주체할 수 없어 눈시울이 뜨거워졌습니다. 지민 양은 시각 장애인입니다. 앞을 못 보는 그가 악보 없이 피아노를 그것도 사람의 마음을 움직이는 연주를 할 수 있었던 힘은 무엇일까 생각해 봤습니다. 그건 자기가 하고 싶은 것을 하는 것, 바로 그것인 것 같습니다. 오랜 시간을 피아노 앞에 있어도 그리 힘들어하지 않는 지민 양은 역시 타고난 피아니스트입니다. 그리고 같은 시각 장애가 있는 김지호 군이 나왔습니다. 서울 예술대학교에 다니는 지호 군의 목소리는 마음속에 꼭꼭 숨어 있는 상처까지 치료해 줄 만병통치약 같았습니다. 스타킹 프로의 자막이 생각납니다. '두 명의 공통점은 앞날을 헤쳐나갈 재능과 비전을 가졌다는 것입니다.' 맞습니다. 거기에 하나 더 저의 생각을 붙이고 싶다면 '어려움을 헤쳐나갈 용기'도 있다는 것입니다. 그 용기의 뿌리는 내가 잘하는 것, 하고 싶은 것을 하고 있기 때문입니다.

물속에서 가장 빨리 헤엄치는 물고기는 돛새치라고 합니다. 시속 110㎞로 헤엄칩니다. 육지에서 가장 빨리 달리는 동물은 치타입니다. 최고 시속 120㎞로 달립니다. 하늘을 가장 빨리 나는 새는 군함새로 시속 400㎞로 비행합니다. 동물들도 저마다 특기가 있는 것입니다. 다른 부류보다 훨씬 뛰어난 장기가 있는 것입니다.[5] '노마지지老馬之智'라는 말이 있습니다. 늙은 말의 지혜란 뜻으로 아무리 하찮은 존재라도 저마다 장기長技나 장점을 지니고 있다는 뜻입니다.

　　저도 있습니다. 단지 못 찾은 것뿐입니다. 좀 더 시간을 가지고 잘하는 것을 찾겠습니다. 아르바이트도 구하기 쉬운 곳이 아니라, 내가 잘하고, 하고 싶고, 관심 있는 분야를 찾아야 한다는 것을. 그냥 내가 편하게 얻은 아르바이트는 시간과 돈을 바꾼 거라는 것, 그 이상도 이하도 아니라는 것을 알게 되었습니다.

---

5)　　송진구, 『THE 희망』, 책이있는마을, 2013

야베스의 기도

　　바람에 눈이 힘없이 허공을 맴돌고 있는 한겨울 강릉 경포대 앞, 얼마 만인지 가족 여행을 하게 되었습니다. 끌림이 있고 분위기 있는 커피숍에 들어서자 은은한 커피향이 코끝을 자극합니다. 큰 유리창 너머로 푸른 파도는 서로 만나고 헤어지면서 부서지고 있었고, 겨울이지만 파란 하늘의 구름 사이로 햇빛이 내리는 광경은 어느 예술가의 그림에서도 볼 수 없는 황홀함에 절로 탄성이 납니다. 신이 주신 자연의 아름다움의 절정을 보는 것 같습니다.

　　우리 가정의 힘든 시기를 묵묵히 뒤에서 잡아 주고 계신 분은 바로 어머니였습니다. 어머니는 요즘 교회에 다니십니다. 모처럼 아버지, 어머니와 함께 이런저런 이야기를 나누다가 어머니가 좋은 말씀을 해 주셨습니다. 바로 '야베스의 기도'에 관한 이야기입니다.

　　선해 보이는 한 분이 아주 큰 저택 뒤로 성민이를 안내합니다. 끝이 보이지 않는 넓은 창고에는 각 사람의 이름표가 하나씩 붙어 있습니다. 안내하는 분이 성민이의 이름이 붙어 있는 곳으로 인도합니다. 아름답게 포장되어 있는 작은 상자, 무엇이 들어 있을까 궁금합니다. 그 상자는 바로 성민이의 꿈의 상자였습니다. 성민이가 바라는 작은 꿈, 내가 꿈꾸던 큰 꿈까지 꿈이 다 들어가 있었습니다. 근데 왜 이곳에 성민이의 꿈의 상자가 있는지 궁금해 안내해 준 그분에게 물어보았습니다. 그분은 "하나님이 주고 싶었던 선물이었습니다."라고 합니다. "그럼 주면 되지 왜 이곳에 그대로 있는 겁니까?" "달라고 해야 주지요! 여기 있는 꿈의 상자는 기도하고, 그리고 찾고 구해야 주는 것입니다. 가만히 있는 사람에게 주는 것은 아닙니다." "나에게 이런 좋은 꿈들이 있었다니…."[6]

어머니는 이렇게 저의 꿈의 상자는 이미 만들어져 있다고 하셨습니다. 이미 만들어져 있다고…

가슴이 먹먹했습니다. 피할 수 없는 넓고 넓은 사각의 링에서 도망가다 제대로 카운터 펀치 한 방을 맞고 쓰러진 거 같았습니다. 내가 힘들어 꿈도 힘들어하고 있을 줄 알았는데, 그게 아니라 꿈은 나를 찾아 주길 기다리고 있었던 것이었습니다.

커피숍 밖, 똑같이 치지 않는 파도, 그 거친 파도를 보고 있는데 아버지가 다가와 말씀하십니다. "손을 내밀어 눈을 받아봐. 그럼 눈은 바로 사르르 녹아버리지. 그러나 그 작은 눈이지만 쌓이고 쌓이면 그 힘은 튼튼한 건물 한 채도 거뜬히 무너뜨리고 말 거야, 그러니 녹기 전에 너의 인생에 좋은 꿈

———

6)   브루스 윌킨슨, 마영례 옮김, 『야베스의 기도』, 디모데, 2001, 일부 내용 각색

을 하나씩 쌓아 꿈의 발자국을 남겨 보렴." 저의 어깨를 잡아 주시는 아버지, 아버지와 같은 시선으로 먼 바다를 보고 있었습니다.

바다를 끼고 달리는 해변도로 차 안에서 어머니가 저의 손을 꼭 잡고 말씀하십니다. "성민아! 난 새벽마다 너를 위해 기도한단다." 저도 모르게 차오른 눈물은 저의 몸을 훑고 지나가고 있었습니다.

꿈
꿈을 현실로

꿈의 휴식

계절은 돌고 시간이 흘러 2학년 1학기를 마치고 군대에 가게 되었습니다. 제가 원했다기보다 아버지의 창업이 실패로 돌아가면서 저의 대학 등록금과 생활비가 부모님에게 무거운 짐이 되어 버렸기 때문입니다. 몸집을 줄이기 위해 집을 이사하면서 어머니도 충격과 혼란스러운 날을 보낼 무렵 군대에 가기 위해 이발소에서 머리카락을 자르는데 몸에 감각이 없는 것 같았습니다.

논산훈련소 입영소 앞, 논산까지 같이 오신 아버지께 길에서 큰절을 했습니다. 그리고 건강하게 잘 길러 주셔서 감사하다는 말을 했습니다. 그때까지 참고 계셨던 아버지, 젖어 있는 아버지의 눈빛을 보았습니다. 부둥켜 안아주시는 아버지, 아버지의 몸이 떨며 흐느끼고 있었습니다. 뒤돌아보면 집으로, 학교로 돌아가고 싶을까 봐 모자를 깊게 눌러 쓰고 입영소에 뛰어들어 갔습니다. 그냥 눈물이 나더군요. 그날은 비가 왔습니다.

모든 것이 낯설고 어색한 논산훈련소, 모두들 짧은 머리, 어울리지 않는 전투복, 어색한 전투화, 그리고 입에 맞지 않는 음식들, 이 모든 게 부담스럽다고 느낄 틈도 없었습니다. 이곳은 대학의 높낮이도, 가지고 있는 스펙도 다 동일 선상에 있습니다. 그렇게 훈련을 마치고 자대배치를 받았습니다. 추운 겨울, 눈과 별을 마주 보며 수 없이 대화했던 젊은 날은 그렇게 인내하며 흘러갔고, 몇 번의 휴가와 복귀를 하면서 시간이 구보로 뛰어 가족의 품으로 돌아가게 되었습니다. 전역 후 생활은 잘 정돈된 관물대같이, 대학생활도 좌우로 정렬될 거라 믿으며 전역했습니다. 뒤돌아보면 군대는 저의 인생에 노둣돌[7]이었습니다.

부모님 세대분들은 젊은 청춘들이 나약하다고 합니다. 고생이라는 것을 모르고 자라서 조금만 힘들어도 참을 줄 모른다고 합니다. 몸으로 부딪히면서 배우는 것이 아니라 컴퓨터와 책으로 모든 것을 배우고 다 아는 척을 한다고 합니다. 설사 맞다고 하더라도 저는 동의하고 싶지 않습니다. 그것이 전체적인 젊은이들의 모습이 아닐 거라 전 믿으니까요.

모 대학교에서 공강시간을 활용해 학생 식당에서 봉사하고 받은 식권은 학교에 기부되고, 기초 수급자에게 익명으로 전달되는 십시일반十匙 一飯의 사례를 쓰신 『참 좋은 당신을 만났습니다』의 송정림 작가님은 "우리나라 젊은이들, 이렇게 멋져도 되는 겁니까! 푸르고 젊은 영웅들이 참 많습니다."라고 말씀하셨습니다. 나약하거나 미래를 걱정할 만한 젊은 청춘은 그리 많지 않습니다. 아버지가 군대 전역 후 복학 전까지 아르바이트를 한다고 했을 때 저한테 당부하며 들려주셨던 이야기입니다.

"내가 아는 지인은 커피숍을 3개를 가지고 있었지. 주로 대학교 근처인

―――

7)　말을 타거나 내릴 때 발디딤으로 쓰는 돌

데 아르바이트 학생을 고용하며 운영하고 있었어. 하루는 약속시간에 늦게 도착하면서 불만 섞인 목소리로 '아르바이트는 역시 한계가 있습니다. 속이 터집니다.'라고 말을 하길래 무슨 사연인지 자초지종을 들어 보니 이런 내용이었어.

아르바이트 대학생은 손님이 오면 주문을 받고, 커피, 또는 주문한 게 나오면 손님한테 갖다 주고, 손님이 가면 회수하는 보편적이고 단순한 일이었는데, 근데 여기서 주인과 아르바이트 직원의 차이점이 나타나는 거야. 주인은 손님이 붐비지 않으면 설거지거리가 쌓이지 않게 주방에 가서 닦아 주고, 의자 및 기타 정리를 그때그때 해 주기를 바라고 있었지. 근데 아르바이트 학생은 주문에 관한 일만 하고, 잠시나마 시간이 나면 스마트폰 하기 바빠서 설거지할 게 쌓여. 보다 못해 직접 하고 오느라 약속시간에 늦은 거야. 그 주인은 힘들어서 커피숍을 믿고 맡길 수 있는 운영자를 찾고 있었거든. 대략 아르바이트보다 급여가 3배 이상 되는 책임 있는 사람을 말이야.

만약에 아르바이트 학생이 나름 열심히 일했다면 저 친구 열심히 하네. 참 성실하군. 계속 성실하고 자기 일같이 하니 한번 책임자로 맡겨 볼까. 맞아. 나의 주변을 아무리 봐도 저 친구만 한 적임자는 없어. 커피숍 돌아가는 것도 잘 알고 말이야. 이렇게 하다 보면 혹시 운영자가 될 수도 있지 않겠어? 그래서 경영을 배워 나중에 독립할 수 있는 기회가 있지 않을까? 최소한의 믿음을 주면 지금의 급여보다 훨씬 더 좋았을 것을, 하는 아쉬움이 남는 순간 '아르바이트하는 사람 중에 사람을 찾고 싶어도, 눈에 들어오는 사람이 없다.'는 주인의 푸념 섞인 말에 공감이 가더군. 사실 아르바이트 하는 사람도 어려움이 왜 없겠니? 최저 급여도 제대로 받지 못하고 대접은 고사하고 무시하는 시선들…. 성민아! 아르바이트를 하더라도 어차피 하는 일. 즐기면서 기쁘게 일을 해 보기 바란다. 주도적으로 말이야.

얼마 전에 있었던 이야기를 하나 더 해야겠구나. 너의 엄마가 크림 빵을 좋아하잖니. 그래서 빵집에 갔지만 엄마가 좋아하는 크림빵이 없었어. 물건을 정리하는 여종업원에게 혹시나 하고 물어봤더니 찾는 빵이 다 떨어졌다고 하더군. 그 후로 아무 말 없이 그게 끝이었어. 근데 카운터 옆에 있는 남자분이 내 옆으로 와서 찾는 빵은 없지만 크림이 들어가 있고 가격대가 비슷한 빵을 권해 주더라구. 그래서 큰 어려움 없이 찾는 빵 대신 비슷한 빵을 샀지. 난 단숨에 알아봤어. 주인과 아르바이트가 누구이며, 그들의 차이점이 무엇인지? 성민아 주인과 그 종업의 차이점이 뭔 줄 아니? 그건 바로 '주인의식'이라는 거야.

성공한 사람들은 남이 시켜 마지못해 하지 않고 스스로 적극적으로 했던 사람들이라는 것을 잊지 말고 힘들면 초심, 열심, 뒷심 중에 제일 힘이 센 '초심'을 꺼내보고 내가 왜 아르바이트를 하는지 몸으로 좋은 경험을 하기 바란다. 참, 또 한 가지. 같은 일을 하더라도 성과를 내는 일을 하기 바란다. 무슨 말이냐면 남들과 다른 성과를 내려면 남들과 다른 생각으로 접근해야 한다는 거다. 다른 성과를 기대하면서 남들과 같은 시간, 같은 생각을 하면서 좋은 성과를 내는 것은 도둑놈 심보다. 다른 성과를 기대하면 다른 행동을 해야 한다. 특히 한국 사람은 일은 열심히 하지만 효율적으로 일을 하지 못한다는 말을 기억하고."

아버지의 말씀이 맞습니다. 주인의식을 갖는다면, 내가 종업원이 아닌 주인이라고 생각하면서 뭔가를 배운다는 자세로 성심을 다하면 결과 있는 모범 답안지가 나오겠죠. 그러나 현실은 정말 어렵습니다. 최저 시급도 받기 어려운데 주인의식을 요구하는 것 자체가 잘못이라고 하는 대다수의 친구들의 의견이 어떻게 보면 맞는 말입니다. 그러나 아르바이트를 하는 우리가 아무리 아우성을 쳐본들 바뀌는 게 없는 것을 안 이상 긍정적인 생각이 저한테 훨씬 도움이 됩니다.

　제가 아르바이트를 하는 동안 다행스럽게 우리 가족 혼란의 마침표를 찍은 건 아버지의 중소기업 취업 성공이었습니다. 명퇴 전 기업 임금보다 적은 보수를 받으면서도 새삼 일할 수 있는 직장이 있다는 것에 감사하며, 늦은 시간까지 열심히 일하시는 아버지의 모습이 어찌 그리 멋있는지요. 새로운 직장을 통해 아버지는 새로운 꿈을 꾸신다고 했습니다. 꿈은 젊은 청춘들의 전유물인 줄 알았는데… 꿈은 나이와 장소를 가리지 않고 그렇게 희망의 구름을 타고 와 활력을 불어넣어 줍니다. 그렇습니다. 저도 이제 꿈을 좀 더 구체적이고 체계적으로 목표를 세우고 실천하기 위해 군대 있는 동안 못 읽었던 자기계발서를 읽으며, 새로운 학기를 준비하며 마음을 다잡아 봅니다. 저의 삶의 먼 여정을 떠날 때 행복의 장소로 잘 안내해 줄 내비게이션은 바로 꿈입니다. 꿈의 내비게이션이 올바른 길로 안내해 줄 수 있도록 꾸준한 업그레이드는 필수지요.

　얼마 후 제가 전역했다는 소식을 들었는지 군대 있을 때 나름 잘 지낸 선임병이 축하한다고 전화가 왔습니다. 조만간에 만나자고 하면서 약속시간까지 잡았습니다. 며칠 후 약속 장소에는 선임병과 다른 한 명이 기다리고 있었습니다. 같이 나온 분은 선임병과 같은 일을 하는 친구분이었습니다. 모처럼 추억의 이야기로 유쾌한 시간을 보냈습니다. 고생의 깊이에 따라 기억은 더 뚜렷하고 생생한 추억의 맛으로 다가오더군요. 식사가 거의 끝날 무렵 선임병이 저에게 제안을 하나 했습니다. 학습 책 아르바이트인데 다음 날 사무실에 한번 나오라고, 같이 나온 선임병 친구가 손쉽게 돈을 많이 벌 수 있다고 하면서 간단한 설명을 하면서 권했습니다. 일단 알았다고 하면서 다음 날 약속시간을 잡고 헤어졌습니다. 집에 돌아와서 모처럼 아버지와 저녁 식사를 하면서 선임병에게 들은 책 이야기를 했습니다. 근데 아버지는 단호하게 말씀하더군요.

"내일 약속 장소에 가지 마라. 그건 분명 다단계다. 아무도 살아남을 수 없는 그런 곳에 너를 끌어들이는 거야. 분명 맞을 거다."

좀 이상해서 주변에 확인해 봤더니 다단계가 맞았습니다. 군대 선임병은 다른 누구를 끌어들이기 위해 제가 필요했던 것이었습니다. 다단계는 계속 법을 교묘히 피해 가면서 대학 캠퍼스에서도 독버섯처럼 자라고 있었습니다. 다단계는 누구도 이익을 낼 수 없는 구조라는 것을 나중에 선임병은 큰 대가를 치르고서야 알게 되었습니다. 쉽게 버는 것, 손쉽게 얻는 것은 분명히 부작용이 생긴다는 교훈을 얻은 큰 사건이었습니다.

며칠 후 외삼촌이 집으로 찾아와 전역을 축하한다면서 차를 같이 마셨습니다. 얼마 전 저의 다단계 사건을 이야기했는데 갑자기 A4 종이를 찾는 것입니다. 그리고 그곳에 중요한 단어 즉, 가족, 행복, 꿈, 돈, 건강, 직업 등 10개를 적고 자신만의 흔들리지 않는 철학을 적으라고 했습니다. 자신만의 명확한 철학이 있다면, 어떠한 유혹의 바람에도, 거칠고 험한 세상이 나의 마음을 쥐고 흔들더라도 이겨낼 수 있다고 하면서, 전 단 하나의 단어도 마음을 쏟아 담을 수 없었습니다. 이것은 피할 수 없는 현실이었습니다. 천천히 저의 기준을, 철학을 세워나가야 할 중요한 숙제를 외삼촌은 저에게 남겨 주셨습니다. 평생을 같이할 저만의 삶의 기준, 너무나 중요한 과제입니다.

꿈은 누구나 평등하게 꿀 수 있지만 꿈의 결과는 서로 다르게 나타납니다.
그 이유는 실천이라는 비밀번호를 사람들은 자주 잃어버리고 살고 있어,
금고 속의 소중한 보물인 꿈을 찾을 수 없기 때문입니다.

목적, 목표, 습관, 변화, 시간
그리고 차별화

챌린저

내가 행복해지고 싶다면…

긍정적 사고와 희망을 품으면 됩니다.

세상에서 가장 소중한 나의 꿈을 꾸면 됩니다.

꿈의 목표를 세우면 됩니다.

나태함의 습관을 버리면 됩니다.

초심을 잃지 않는 열정을 가지면 됩니다.

세상 사람과 함께 어깨동무하며 살아가면 됩니다.

행복을 가르쳐 주는 족집게 과외 선생님은 없습니다.

단지 내가 더 행복하겠다고 하는 마음가짐이 비법이라면 큰 비법입니다.

나침반

　　　　　　　　　　　　목적과 목표에 관해 고등학교 2학년 학기 초 담임선생님의 말씀을 지금도 기억합니다.

　　"너희가 왜 공부를 하는 건지 아니? 성공하기 위해, 잘살기 위해, 좋은 직장과 남보다 앞서기 위해, 어떤 이유라도 좋다. 그 확실한 이유가 바로 목적이다. 너희가 공부를 하는 이유 말이다. 그럼 목표는 너희가 가고자 하는 대학교와 학과가 바로 목표다. 그리고 수능 점수. 목표는 바로 숫자화되어 있는 것이다. 그러나 이걸 명심해야 한다. 항상 목표만큼 목적이 명확하고 선명하지 않으면 목표한 것을 이루기 위한 동력이 떨어진다는 것을, 그리고 성공해도 이기주의적인 사람이 된다는 것을."

　　초등학교 1학년, 어린이날 선물로 받은 자전거를 타기 위해 아버지하고 운동장에 갔습니다. 며칠 동안 넘어지고 일어나기를 반복, 어느 순간 자전거를 탈 수 있었습니다. 그때 아버지가 뒤에서 자전거를 잡아 주셨는데 그게 바로 목적인 것 같습니다. 자전거가 넘어지지 않게 꼭 붙잡아 주는 것 목적,

그 자전거가 넘어지지 않게 페달을 밟는 것은 실천이고, 가고자 하는 도착지는 목표입니다. 그러나 목적이 목표를 붙잡아 주지 않으면 아마도 자전거를 쉽게 타지 못했을 것입니다. 제가 대학에서 공부하는 이유는 저의 행복을 위해서입니다. 다른 사람이 아닌 저 자신의 행복을 위해서요.

행복의 배가 길을 잃지 않도록 인도해 줄 바닷가의 등대인 목적, 목적은 행복의 방향으로 가는 길을 잃지 않게 해 주는 나침반이며 지쳐 잠시 쉬면서 돌아보게 되는 저의 발자국입니다. 그 발자국이 행복의 목표를 향해 목적이 올바르게 찍혀 있는지, 내가 왜 행복해지고 싶은지, 공부하는 이유가 뚜렷한지. 오늘도 일기장 한쪽 여백에 그 이유를 적어 봅니다. 그리고 스스로에게 묻습니다. 목표를 이룬 다음에는 무엇을 할 거지?

바람은 목적지가 없는 배를 밀어주지 않는다.

– 몽테뉴

아버지의 목표

　　2학년 2학기 중간고사가 끝나고 모처럼 집에 들렀습니다. 아버지는 무척 고단해 보였습니다. 야근으로 몸과 마음이 많이 지쳐 있으셨지만 토요일도 아침 일찍 출근하시더군요. 제가 조금이나마 부모님의 마음 한구석을 읽을 수 있었던 것은 군대의 힘, 힘들었던 강을 건넜기 때문이 아닐까 합니다. 아버지가 좋아하시는 삼겹살을 같이 먹고 싶어 퇴근 시간에 맞춰 회사 밖에서 기다리고 있었습니다.

　　도심 속, 토요일 오후인데도 어딘가 사람들이 쫓기고 있는 듯 바쁘게 움직이고 있는 모습들, 콘크리트처럼 마음이 딱딱하게 굳어져 버린 듯 멍하니 출입구를 바라보고 있을 무렵 아버지가 나오셨습니다. 그런데 아버지의 짐, 개인 짐을 가지고 나오시더군요. 그 이유는 회사가 어려워 도산을 하게 되면서 자동으로 또 한 번 실직을 하게 된 것입니다. 오늘은 마지막 정리를 위해 출근을 하셨던 겁니다. 언제부터인가 아버지는 저와 눈을 마주치지 않습니다. 자신감도 많이 잃으시고 말씀도 줄고 사람 만나는 일도 없이 오로지 새로운 직장에만 매달리셨는데 얼마 안 돼서 회사 사정으로 또 한 번 시련을 맞게 되셨습니다.

　삼겹살집에서 아무 말씀도 않으시고 빠르게 잔을 비우시다 문득 저의 눈을 보시며 말씀하십니다. "너, 내 목표가 뭔지 아니?" 의외의 질문이었습니다. 아니, 질문보다 아버지 스스로 다짐했을 목표였겠죠. "너 졸업할 때까지 버티자였다. 앞으로 7년, 연금이 나오기 전까지 너 졸업시키고 시골로 내려가 작은 집 하나 짓고 사는 게 내 목표였어. 연금으로 조금 부족하면 소일거리 하면서 살면 되니까. 너 졸업하고 연금 때까지…" 말씀을 다 하지 못하시고 다시 잔을 비우셨습니다. 그러셨군요. 아버지의 목표, 새로운 직장에 들어가면서 아버지는 구체적인 목표, 흔들리지 않는 아버지만의 목표를 다시 세우셨습니다.

　지하철, 흔들리는 전철에서 아버지는 짐 위쪽에 가족사진이 들어 있는 작은 탁상용 액자를 만지시며 많은 생각에 잠기셨습니다. 힘들 때마다 아버지는 가족의 사진을 보면서 목표를 되새김하셨습니다. 아버지의 목표가 다시 수정되어야겠지요. 하지만 아버지는 삼겹살집에서 "누구나 넘어지고 쓰러질 때가 있다. 하지만 목표가 선명하고 꼭 가야 하는 길이라면, 그 장애물을 밟던, 돌아가든, 목표하는 곳으로 가면 된다. 내가 존경하던 현대그룹 창업자인 고 정주영 회장님이 이런 명언을 남기셨지. '모든 일이 가능하다고 생각하는 사람만이 해낼 수 있다. 장애는 뛰어넘으라고 있는 것이지 걸려 넘어지라고 있는 것이 아니다. 길이 없으면 찾고, 찾아도 없으면 길을 닦아 가면서 나가면 된다.' 새롭게 도전해야 할 일이 나를 기다리고 있어 기대가 된다." 하시며 쓴웃음을 지으십니다. 저는 압니다. '플라시보 효과'[1]처럼 자기 암시를 통해 이겨내시려는 것을. 비록 몸은 힘들지만 아버지는 목표의 힘으로 버티고 있는 것이었습니다. 아버지의 말씀대로 목표하는 것이 현실로 이루어질 것을 저는 믿습니다.

---

1)   의학 성분이 전혀 없는 약이라도 환자의 심리적인 믿음을 통해 치료 효과가 나타나는 현상

목표는
선명해야 합니다

　　　　　　6주 만에 15kg 감량에 성공한 한 의사의 이야기를 신문에서 보았습니다. 간암 2기 진단을 받은 어머니에게 간을 이식하려고, 피나는 다이어트를 했던 것입니다.[2] 그냥 스쳐 지나가는 하나의 효孝 이야기일 수 있지만, 지방간을 없애기 위해 몸무게를 줄여야 하는 뚜렷한 목표가 있기 때문에 성공한 사례입니다.

　작은 꿈이든, 큰 꿈이든 반드시, 반드시 따라가야 하는 것이 있습니다. 그건 바로 목표, 아버지의 목표 이야기가 자극이 되어 오늘은 그동안 물레방아처럼 맴도는 삶, 훌라후프처럼 반복적인 낡은 틀을 깨고자 미루어 놓았던 분명한 목표설정을 위해 모처럼 도서관에서 자기계발서와 목표에 관한 자료를 모아서 정리해 봤습니다.

———

2)　통계에 따르면 미국 여성은 평균 14번 정도 다이어트에 도전한다고 합니다. 1단계에 1,000명이 도전하고 그중 50명이 목표 체중에 성공하며, 그 50명 중 6개월 체중유지에 성공한 사람은 5명입니다. 다이어트에 성공한 사람은 불과 0.5%입니다.

목표를 세우는 방법은 크게 4가지로 나눌 수 있습니다.

첫째, 목표는 실천 가능하며 구체적이고 명확해야 합니다. 목표는 송곳처럼 날카롭고 뚜렷하지 못하면 즉, 구체적이지 못하면 실패 확률이 높습니다. 또한 목표가 실천 가능하지 못하면 공허한 메아리에 불과합니다. 야구선수들의 예가 좋을 것 같습니다. 방어율, 승, 타율, 홈런, 도루처럼 가능한 목표를 수치화하면 목표를 이루기 더 뚜렷해질 것입니다. 긴 목표도 좋지만 짧은 목표의 그림을 그리는 것이 좋습니다. 이번 방학에 이것만은 꼭 해야겠다고 종이에 적고, 끊임없이 자신에게 질문하며 실천하는 것도 좋은 방법의 하나입니다. 또 한 가지는 하루하루 목표를 세우는 것입니다. 하루 독서량 10장, 줄넘기 200번 등 꼭 실천 가능한 목표부터 세우는 것입니다. 표를 만들어 몇 승 몇 패를 기록하면 더 효과적입니다. 그것이 쌓이고 쌓이면, 내가 바라고 원하는 꿈을 발견할 것입니다. 구체적인 단기, 중기, 장기 계획이 목표 도달의 시간을 절약해 준다는 것을 잊으면 안 됩니다.

둘째, 목표에 집중해야 합니다. 목표가 흐트러지지 않게 종이에 쓰고, 컴퓨터 바탕화면에 띄우고, 수첩에 넣고 다니면서 유혹이 꼬리를 칠 때마다 봐야 합니다. 목표를 글로 적은 뒤 그것을 시각화하면 자신의 목표를 이룰 수 있다는 자기 확신을 심어줍니다. 사람은 스스로 확신하는 것을 믿습니다. 또 반복된 자기 확신은 신뢰를 가져다줍니다. 목표가 달아나지 않도록, 100m 선수가 앞만 보고 결승점을 향해 달리는 것입니다. 저는 지금 축구 경기를 하고 있습니다. 그라운드에 공이 움직이고 있고, 그 공을 향해 쫓아가고 있습니다. 내가 공이 아닌 다른 곳으로 시선을 둘 수 있을까요? 없을 것입니다. 자칫 다른 곳에 시선을 두면 상대방의 역공으로 곤경에 처할 것이며,

내가 속한 팀은 게임에 지고 말 것입니다. 그 공이 바로 목표입니다. 또 다른 좋은 예인데요. 가족과 함께 민속촌에서 외줄타기하는 것을 본 적이 있습니다. 그분은 밑을 절대 보지 않습니다. 한쪽의 시선만 고정하고 움직입니다. 그분처럼 목표에 시선이 떠나선 안 됩니다. 또한 중요한 건 유혹을 물리칠, 이겨낼 계획도 있어야 합니다. 그건 간절함만한 게 없습니다. 목표를 꼭 달성해야 할 분명한 이유가 있어야 유혹을 이겨 낼 수 있습니다.

셋째, 목표에 중간 마감이 있어야 합니다. 기업은 목표가 있고, 일, 주간 마감, 월 마감, 분기, 상반기, 년 마감 등 계속 마감의 연속입니다. 그 이유는 목표를 공유하고 점검하며, 올바른 길로 가고 있는지 확인을 해야 하기 때문입니다. 내가 세운 목표의 주간 마감, 월 마감이 필요합니다. 매주 체크해 보며 마음을 다잡아보고, 목표가 얼마나 달성되었는지, 바른길로 가고 있는지 확인해 보며, 심기일전하는 계기가 될 것입니다. 시간의 점검 없이 무한대로 목표를 향해 하염없이 갈 순 없습니다. 그리고 목표를 달성하면 자신에게 보상을 해 주는 것도 좋은 방법입니다.

넷째, 목표 공지와 라이벌입니다. 지인에게 자신의 목표를 알리는 것도 도움이 되고, 정보 공유나 인맥을 통해서도 목표를 이룰 수 있습니다. 자신의 목표를 타인에게 공개하는 게 부끄럽다고 생각하거나 감출 일은 절대 아닙니다. 목표를 저의 안전지대에 놓지 말고 외부에 공개해 보는 것입니다. 또한 목표를 채찍질하는 것은 선의의 라이벌입니다. 좋은 경쟁자를 찾고 지지 않으려고 노력하다 보면 어느새 목표가 이루어집니다. 산을 올라갈 때 혼자보다 같이 올라가면 더 쉽겠지요.

『성공하는 사람들의 7가지 습관』의 저자 스티븐 코비 박사는 '먼저 최종 목표를 세운 다음 목표 달성을 위한 구체적 실행 계획'을 세워야 한다고 합니다. 최종적인 목표가 있다면 역으로 지금 무엇을 해야 하는지 구체적인 실천 계획을 짤 수가 있습니다. 예를 들면 이런 것입니다. 1년[3] 안에 체중 감량 목표를 12kg으로 세우면 한 달에 1kg, 그리고 일주일에 3~4번, 한번 운동에 1시간씩, 그리고 자신에 맞는 종류의 운동과 식단[4]을 짤 수 있을 것입니다. 이렇게 최종 목표 후 역으로 목표 설정을 하는 것입니다.

목표의 우선순위는 간절한 순위부터 짜야 한다고 합니다. 그 간절한 최종 목표를 가지고 역으로 구체적인 위의 4가지 방법으로 목표를 설정하면 됩니다. 목표가 바뀌면 생각과 행동이 바뀝니다. 저의 목표가 작심삼일로 끝나는 그런 나약함이 없게 종이에 저의 목표를 적고 마음을 다잡아 봅니다.

---

3)   정확한 날짜를 넣어야 합니다.
4)   다이어트는 음식의 비중이 70%, 운동이 30%로 보면 큰 무리가 없습니다

특성 요인도

아침에 눈을 뜨자마자 수업시간에 늦지 않기 위해 정신없이 강의실에 들어섭니다. 그리고 오전 수업이 끝나고 점심시간, 친구들과 담소를 나누면서 시간을 보내다 오후 강의 후 도서관에서 과제 및 책을 보고 다시 자취방, 인터넷 게임으로 새벽이 가까워졌습니다. 다음 날, 일어나자마자 강의실로 가기 바쁜 저의 모습, 습관적으로 반복되어 가고 있는 저를 발견하고 있을 무렵 강의 시간에 '특성 요인도'를 알게 되었습니다. 특성요인도는 주로 생산현장에서 쓰이는데 불량이 어디서 어떻게 나고 있는지 원인을 계속해서 찾아가는 것입니다. 나중에 그려보면 물고기 뼈 같은 모양이 되더군요. 교수님이 말씀하십니다. "의사가 환자의 아픈 곳을 정확하게 진단하지 못하면 병을 고칠 수 없고, 처방도 내릴 수 없습니다. 특성 요인도를 배우면서 자신의 개선할 부분, 고쳐야 할 부분을 적어보고 원인을 찾아보는 시간을 갖기 바랍니다. 다음 시간 과제는 여러분들이 꼭 고쳐야 하는 것을 찾아 특성 요인도를 그려보고 개선 대책을 세워 오기 바랍니다."

개선되고 고쳐야 할 첫 번째를 적어 봤습니다. 인터넷 게임을 하지 않는 것입니다. 대학에 들어오면서 잠깐 게임을 몇 번 한 것이 지금은 시간도 길어지고 새벽까지 게임을 하게 되었습니다. 저도 모르게 하루도 하지 않으면 못 견딜 것 같습니다. 특성 요인도처럼 원인을 그려 봤습니다. 마지막은 저의 의지 부족과 자취방에 인터넷이 연결되어 있는 컴퓨터였습니다. 고민에 고민을 거듭하다 컴퓨터를 없애 버렸습니다. 스마트폰은 와이파이가 되는 지역에서만 사용 가능한 요금제로 변경했습니다. 인터넷 사용을 확 줄일 수 있었지만 문제는 친구들이 소통이 안 된다고 하더군요. 그러나 그것도 잠시, 친구들도 저의 의지를 꺾지 못했습니다.

6개월 가까이 책하고 멀어져 게임에 빠져 있었던 제가 과거 책을 좋아했던 학생으로 돌아가기까지 많이 힘들었습니다. 가만히 있으면 손가락이 움직여 손을 잡고 이를 악물어 본적이 한두 번이 아닙니다. 게임을 생각하지 않기 위해 운동을 열심히 하고, PC방 근처에 가지 않으려고 일부러 돌아서 자취방을 가기도 했습니다. 습관으로 굳어있던 것을 되돌리기가 이렇게 힘

든 줄 몰랐습니다. 습관을 고치려면 반드시 희생이 따릅니다. 지금 생각하면 잘한 결정 중에 하나는 게임을 끊은 것이었습니다. 게임은 저의 생각과 상상을 짓밟아 버리고 훔치는 도둑이었습니다. 전 알았습니다. 항상 깨어 있어야 하며, 늘 자신과 싸워 이겨야 한다는 것을. 그래야 희망이 있다는 것을. 게임을 끊는 어려운 고비를 넘어 보니 나 자신이 대견스럽고 떳떳해지더군요. 계절은 가을을 지나 그렇게 잔인하리만큼 뒤돌아보지 않고 가파른 겨울로 달려가고 있습니다.

매일 매일 90% 이상

2학년 겨울방학이 돌아왔습니다. 아버지는 새로운 직장을 찾기가 어려워 임시로 택배 일을 하시게 되었습니다. 바쁜 크리스마스와 연초의 힘든 배달 업무에 작은 힘을 보태고자 아버지 일을 돕게 되었습니다. 아버지는 제가 도와 드리는 것을 그리 반가워하지 않으셨습니다. 다른 학생들은 방학을 이용해 스펙과 자기계발에 한층 노력하지만, 저는 공부를 해야 할 시간에 일을 하고 있으니 부모님의 마음이 그리 편하지 않으셨나 봅니다.

아침 출근길, 1톤 탑차를 타고 거의 같은 길을 반복적으로 일주일 정도 가게 되었고, 택배 물건도 배달 순서대로 탑차에 넣고 배달을 하게 되었습니다. 아버지는 힘든 택배 일에 스펀지처럼 빠르게 적응하게 된 것은 가장이라는 무게를 짊어지고 계셨기 때문입니다. 일주일 후, 저는 아버지가 출근하실 때, 옷 입는 방법부터 퇴근까지의 일이 거의 습관적으로 이루어지는 것을 알게 되었습니다.

습관은 보이지 않는 마음의 끈으로 묶여 있습니다. 또한 습관은 신중한 판단 없이 자동으로 이루어지는 것입니다. 습관은 감성적 반응을 불러 일으키지 않으며, 습관은 그 행동이 일어나는 밀접한 관련이 있습니다. 습관을 한순간에 바꾸기 쉬운 것은 바로 환경이 바뀌는 것입니다. 습관은 반복적으로 행동하면서 얻는 것으로 익숙함이 준 편안함입니다. 편한 것은 나태하게 만들고 결국 제자리걸음을 하게 할 뿐, 아버지와 같이 다녔던 일주일의 동선을 체크해 보았습니다. 습관적으로 굳어져 있던 길에 변화를 주어 효율을 높이고자 한 것입니다. 효과는 나타나기 시작했습니다. 아침에 출근하는 길에 옆길을 이용해 신호를 한번 줄여 시간과 연료비를 절약했고, 배달의 순서를 좀 더 구체적으로 배열하여 탑차에서 꺼내는 시간을 절약했으며, 다음 장소로 향하는 동선을 출발 전, 습관적으로 이동하는 것에서 최적의 도착 장소로 이동하기 위해 한 번 더 생각했습니다. 결과는 배달 시간이 하루 평균 15~20분가량 단축하게 되었습니다. 하루를 따지면 별거 아닌 거 같지만 일주일, 한 달, 일 년을 계산하면 결코 작은 성과가 아닙니다. 모처럼 아버지께 칭찬을 받았습니다. "나도 나름대로 효율적으로 일한다고 생각하며 움직였는데 그게 습관이 되어서 작은 것도 고치기 힘들었시, 이번에 아들 덕을 독톡히 봤네." 하시며 기뻐하셨습니다. 어쩌면 저는 아버지 일에 변화의 도구로 활용되었는지 모르겠습니다.

택배 일이 정말 고달프고 힘들다는 것을 알게 된 것은 불과 하루, 아니 반나절 만에 알게 되었습니다. 대기업의 부장에서 택배 기사가 된 것은 불과 4년, 그래도 아버지는 맡은 일에 최선을 다합니다. 점심 도시락을 차에서 같이 먹다 아버지가 말씀하십니다. "밥맛이 꿀맛이지? 이것도 습관이 되어서 이제는 할 만하다." 저는 목으로 넘기는 밥에 가시가 걸렸는지 밥을 넘길 수 없어 이를 악물고 간신히 넘겼습니다. 저의 등록금을 위해, 가정을 위해 이렇게 고생한다는 생각에 잠시 후 눈물이 고이기 시작했습니다. 뜨거운 눈물은 힘을 못 이기고 저의 뺨을 타고 흘러내렸습니다. 아버지에게 눈물을 보이지 않으려고 애써 외면했던 어설픈 동작들, 무거운 짐을 지고 계단을 오르시는 아버지의 등이 오늘따라 커 보이는 이유는 무엇일까요? 자신의 몸만큼 무거운 짐을 지고 60℃가 넘는 뜨거운 사막을 걷는 낙타. 아버지는 낙타였습니다.

가슴속이 뜨거워지네요. 습관에 관해 중요한 내용을 더 찾아보고 생각해 보았습니다. 하루에 90% 이상 같은 일이 반복되고 그것이 습관이 되는 것입니다. 나쁜 습관을 못 버리면 결국 그 습관은 사람을 삼켜버립니다. 이때 중요한 것은 설렁설렁한 마음으로 나쁜 습관의 고리를 끊을 수 없다는 것을 저는 잘 압니다. 대충대충 해서 얻는 것은 없으니까요! 좋은 습관을 만들기 위해서는 시간을 맞춰놓고 반복적으로 움직이는 것이 가장 좋은 방법이라고 합니다. 그리고 6주간의 시간이면 습관을 바꿀 수 있습니다. 좋은 습관은 쓸모 있는 자격증을 가진 것과 같다고 합니다.

일: 목적, 목표
니: 습관, 변화
는: 시간
치: 차별화

일념통천 一念通天.
마음이 한결같으면 무엇이든 다 이루어진다.

온란과 혼돈의 시간이 점점 흐르고 있습니다.

새로운 바람, 변화

3학년 봄, 새 학기가 시작되었습니다. 이제 2년 후 졸업하는 나의 모습이 어떻지 생각해 보았습니다. 결론적으로 이대로 이렇게 시간을 보내서는 아무것도 얻을 수 없다는 생각에 '메기 효과[5]'를 낼 수 있는 것이 무엇인지 생각해 보았습니다. 그건 바로 '변화'라는 결론을 내렸습니다.

긍정적이며 매사에 감사한 생각. 꿈을 꾸며 목표를 설정하고 습관적 노력을 하기 위해 생각의 전환, 즉 마음의 변화가 앞으로 남은 캠퍼스 생활을 좀 더 보람되게 만들어 줄 거라 믿지만, 전 알고 있습니다. 인간의 속성은 변화에 저항하며, 현실에 안주하는 습관 탓에 변화에 두려움을 느끼고 있다는 것을. 그러나 실패하는 사람은 변화가 두려움이지만 반대로 성공한 사람은 기회라는 것을 말입니다. 전 기회를 잡고 싶습니다. 변화를 통해서 말입니다.

---

5) 메기 한 마리를 미꾸라지 어항에 집어넣으면 미꾸라지들이 메기를 피해 다니느라 움직임이 빨라지면서 생기를 잃지 않는데 이를 기업경영에 적용한 말입니다.

경영에 관련된 수업은 자주 기업의 변화를 강조합니다. 변화하지 못하는 기업, 변화를 두려워하는 기업은 새로운 기업에 의해 시장에서 사라지고 만다는 것입니다. 코닥이 디지털카메라를 최초로 개발했음에도 필름 시장의 잠식을 두려워하다. 즉 변화를 선도하지 못해서 파산하듯 시장은 늘 새로운 강자를 요구하는데, 그 자리는 꾸준히 변화하는 기업의 차지가 아닌는지요. 사람도 마찬가지가 아닐까 합니다. 꾸준히 변화해야만 살아남음을 알지만 사람은 현실에 안주하려는 본성을 가지고 있어 변화에 어려움을 호소하는 것 같습니다.

전 변화해야 합니다. 이대로 졸업하면 얻는 거라곤 잘 포장된 원가 만 원도 안 되는 학위증 한 장뿐이라는 것을 알기에 몸부림쳐야만 합니다. 선택과 집중을 통해 좀 더 잘하는 것에 집중하고 개발을 해야만 합니다.

변화를 방해하는 것은 저 자신 이외에는 없습니다. 만리장성을 뛰어넘은 고구려의 연개소문처럼, 전 저를 뛰어넘기 위해 부단히 노력하겠습니다. 그 첫 번째로 환경정리를 선택했습니다. 저의 방 정리를 군대 관물대처럼 정리정돈하고 목표를 종이에 적고 실천 가능한 세부적인 계획표도 초등학교 방학생활처럼 그렇게 짜 놓았습니다.

'승자는 같은 결과를 얻기 위해 다른 방법을 사용하고, 패자는 같은 방법을 사용하면서 다른 결과를 기대한다.'[6] 앞으로 주워진 시간 2년, 아니 1년 6개월 동안 좋은 성과를 내서 부모님께 효도를 하고 싶습니다. 첫 번째 봉급을 타면 무얼 할까? 뭔가 부모님께 의미 있는 선물로 뭘 해 드릴까, 이런 행

---

6)　권종오, 『나도 이길 수 있다』, 황소자리, 2014

복한 생각을 하고 있는데 오랜만에 과 친구에게 전화가 왔습니다. 엄청 큰 일을 안 것처럼 저한테 말을 하더군요. "성민아, 너 체인지 알지" "그럼 알지 왜?" "체인지(Change)에서 'g'를 'c'로 바꾸면 뭔지 아냐?" "그건… 찬스지 C.h.a.n.c.e." "바로 그거야. 내가 조금만 바꾸면, 즉 변화하면 기회가 온다는 거야. 나 대단하지!" 친구의 말이 크게 와 닿지는 않았지만 틀린 말은 아닙니다. 내가 변화해야지 기회가 온다는 거창하지 않지만 힘이 있어 보이는 그 친구는 공무원 시험에 올인하고 있습니다. 힘들어 보이는 친구에게 이 말을 해 주고 싶군요. "네가 쉬고 있는 동안 너의 경쟁자는 책장을 넘기고 있다." 힘내라고 문자로 보약 한 사발 보냈습니다.

멈추지 않는 것

　　　　　　　　　카네기가 직원을 채용할 때의 일입니다. 물건을 밧줄로 꽁꽁 묶어 놓고 그것을 풀어보라고 했습니다. 이때 밧줄을 풀려고 하는 사람은 불합격, 칼로 잘라 버린 사람은 합격했습니다. 카네기는 "밧줄을 아끼기 위해 쓸데없는 시간을 보내야 되겠는가? 나는 그런 비능률적인 사람을 원치 않는다네."[7]라고 말했습니다. 시간 개념뿐 아니라 남과 다름(다른 생각)을 보는 인재 채용의 좋은 예입니다.

　　오늘도 강의 시간 전 가장 앞에 앉아 자투리 시간에 자기계발서를 읽었습니다. 누구에게나 공평하게 찾아오는 시간, 시간은 한치의 게으름도 없이 같은 속도로 부지런히 옮겨 가지만 사람마다 처하는 환경 때문에 체감하는 속도가 다른가 봅니다. 군대 있을 때는 정말 시간이 안 가더니 고3 수능 한 달 전에는 시간이 총알처럼 가는 것 같았습니다. 모처럼 강의가 조금 일찍

———

7)　　이재규, 『이야기 경영학』, 사과나무, 2012

끝나 교수님이 준비하신 PPT 화면에 큰 항아리, 큰 돌, 자갈, 모래가 보입니다. 교수님이 말씀하십니다.

"큰 항아리에 큰 돌, 자갈, 모래를 가득 채우고 싶은데 어떤 순서대로 넣어야 할까요?"

학생들은 다들 잘 알지만 선뜻 나서는 사람이 없습니다. 교수님이 저를 지목해서 대답했습니다. "큰 돌, 자갈, 모래입니다." 교수님의 말씀이 이어집니다.

"맞습니다. 근데 왜 제가 이 얘기를 하는지 아십니까? 그건 바로 순서, 일의 순서를 이야기하는 겁니다. 일의 순서와 시간을 어떻게 효과적으로 활용하느냐에 따라 결과는 많이 달라진다는 것입니다. 여러분도 잘 알겠지만, 영어단어를 외울 때 그냥 외우는 것보다 시간을 정하고 집중해서 외우면 효과가 상당히 있습니다. 시간은 3가지입니다. 과거, 현재, 미래, 우리는 현재만을 이야기합니다. 그러나 과거를 통해 현재가 되고, 현재의 효과적인 시간 활용이 미래를 만들어 간다는 것을 잊어서는 안 되니 현재 시간을 잘 활용하기 바랍니다. 현재가 결국 내일을 만드니까요. 미래의 좋은 결과를 얻고 싶다면 지금 최선을 다해야 합니다. 그럼 어떻게 하면 시간 활용을 잘할 수 있을까요? 첫째, 계획을 세우기 바랍니다. 메모를 하면서 말이죠. 둘째, 우선순위를 정하세요. 위의 사례처럼 어떤 것을 먼저 할 건지 중요도에 따라 나누어 일을 하면, 효과적이고 여유 있게 일을 할 수 있습니다. 셋째, 자투리 시간을 최대한 잘 활용하기 바랍니다. 그 자투리 시간이면 한 달에 한 권 이상 책을 읽을 수 있고 어떤 일에 전문가도 될 수 있습니다. 무슨 일을 추진할 때 시간을 꼭 넣기 바랍니다. 시간은 여러분을 하염없이 기다려 주지 않습니다."

시간은 사람과 자연을 가리지 않고 공평하게 왔다가 그렇게 사라지는군요. 고등학교 때 교장 선생님은 "시간을 저축할 수는 없다. 그러니 최대한 아껴 가면서 써라."는 말씀이 기억납니다. 계절과 나이를 건너가지도 않는 너무도 정직한 시간, 시간을 효과적으로 활용하기 위해 얼마 전 계획을 세운 것을 다듬어 보았습니다. 마지막 정리를 하면, 하루 계획을 세우고 메모하며, 일 처리의 순서와 자투리 시간을 최대한 활용하고, 어떤 일을 추진하고자 할 때는 반드시 시간을 꼭 넣는다는 것.

교수님의 마지막 말씀 또한 기억에 남습니다.

"저의 경험으로 시간 약속을 잘 못 지키는 사람은 절대 금전 관계도 투명하지 못하니 가까이하지 마십시오. 그리고 신용을 쌓을 때 반드시 시간의 약속부터 쌓아야 하는 것을 잊지 마시기 바랍니다."

내가 보내는 이 대학생활의 시간이 보람되게 사용되고 있는지, 시간의 수도꼭지를 틀어 놓고 세는 곳이 없는지 확인해야겠습니다.

1440

하루에 주어진 시간은 1,440분. 이 시간은 전 세계 남녀, 나이와 인종을 넘어 누구에게나 가장 공평하게 주어진 시간입니다. 시간은 이자가 붙지 않습니다. 다시는 돌아오지 않는 시간, 시간을 낭비하는 사람은 인생을 낭비한다고 합니다. 그런 중요한 시간을 다시 한 번 체크해 봅니다.

물리학자 폴 데이비스는 『시간의 패러독스』에서 "똑같은 시간이라도 사용자에 따라 길거나 짧아질 수 있다."고 말했습니다. 이 말은 시간을 효과적으로 사용하기에 따라 달라진다는 말인데요. 같은 시간을 어떻게 효과적으로 사용하느냐가 중요합니다. 여자친구와 같이 있는 시간과 아르바이트 시간은 같은 시간이지만 느끼는 체감온도가 많이 다르겠죠.

얼마 전 인터넷에서 선거에 출마한 한 후보의 기사를 본 적이 있습니다. 그 후보는 잘 짜여진 계획표를 가지고 시간, 분, 초를 쪼개가며 한 명의 유권자를 더 만나기 위해 바쁜 시간을 보낸다고 합니다. 시간을 효과적으로 사용하는 일등공신은 바로 계획표였습니다. 동아리 MT를 갈 때도 시간 계획표가 없다면 우왕좌왕해 제대로 진행이 이루어질 수 없을 것입니다. 갑자기 저의 인생의 계획표는 어디에 있지? 라는 질문을 스스로 하게 되었습니다. MT 때도 자세히 계획을 짜는데 하물며 인류 역사상 단 한 명, 저의 인생의 계획표는 있지 않았습니다. 왜 지금까지 인생의 계획표가 없었는지 이 물음에 대답을 찾기 위해 잠시의 시간이 필요했습니다. 꿈, 목표는 있지만 마라톤처럼 장기적인 인생의 계획표는 없었습니다. 그 소중한 계획표를 세우기 위해서는 시간이 기준이라는 것을 오늘 알게 되었습니다.

당장 인생의 계획표를 작성해 보았습니다. 목적, 목표를 넣고 세부적인 실천 계획에 합리적인 시간배분으로 달성 가능한 시간을 넣었습니다. 이제는 실천만 있으면 됩니다. 거짓말을 못 하는 거울 앞에 서 보았습니다. 속절없이 시간이 흘러 붙잡을 수 없어 후회하지 않도록 주워진 시간을 잘 쓰겠다고 다짐해 봅니다.

계절은 다시 돌아오지만 지금 이 시간은 다시는 오지 않기에 소중한 시간, 시간은 아픈 기억도 지워주고 치료해 주며, 새로운 삶을 시작할 수 있는 기회도 줍니다. 그 소중한 시간에게 감사의 인사를 합니다.

"고맙다, 내 인생과 같이 해 줘서!"

차별화

마케팅 시간에 들은 차별화에 대한 교수님의 강의 내용입니다.

"스와치 시계는 '패션'이라는 차별화를 통해서 성공했습니다. 시계는 정확하면 되고 나머지는 패션에 초점을 맞춘 겁니다. 또한 일본 아사히야마 동물원은 졸고 있는 동물에서 움직이는 동물원으로 차별화를 통해 성공했고, 칭기즈칸은 전쟁터의 후방 50㎞에 가족을 머물게 해 강한 생존을 통한 동기유발과 차별화를 꾀해서 성공했습니다. 기자들이 기사를 구하고 쓸 때, 기사 가치의 기준은 독특하고, 다른 신문사에 없는 것을 내보는 것입니다. 그것이 바로 '특종'입니다. 특종하고 차별화는 같은 연장 선상이라고 보면 큰 무리가 아닙니다. 그럼 차별화가 무엇인가요? 차별화는 버리고, 집중하고, 단순하게 하는 것입니다. 구체적으로 하나하나 알아보겠습니다.

첫째, 버리는 것. 버리는 것은 조각상과 같다고 보시면 됩니다. 여러분이 원하는 조각상을 만들려고 생각해 보세요. 조각상을 나타내기 위해 주변 것을 버려야 합니다. 쳐내야만 하는 것이죠. 그러지 않고는 내가 원하는 조각상을 만들 수 없습니다. 버리세요. 그래야 채울 수 있고, 걸작품을 만들 수 있습니다. 또 하나는 집중입니다.

1990년 이후 레고는 닌텐도 등 비디오 게임에 어린이 고객을 빼앗기기 시작했습니다. 이후 레고는 비디오게임과 테마파크, 영화 등 어른들이 좋아할 만한 곳으로 사업을 넓혔습니다. 그러나 무리한 사업확장은 적자를 불러왔고 다시 레고 사업에 집중해 적자를 흑자로 바꿔 놓았습니다.[8]

내가 잘할 수 있는 곳에 집중하는 것입니다. 내가 잘할 수 있는 것을 찾으세요. 그리고 최고가 되도록 하세요. 사실 말로는 쉬울 수 있지만 내가 잘하는 것을 찾는 것은 어려운 일입니다. 마지막으로 단순입니다.

2013년 농림수산식품부에서 발표한 한국인이 사랑하는 오래된 식당 100곳을 보면 대부분 설렁탕, 해장국 등 단일 메뉴로 승부를 본 특징이 있습니다.[9]

위의 결과는 지극히 당연한 결과입니다. 한번 생각해 보세요. 분식집을 가면 메뉴가 20개, 아니 30개도 넘습니다. 그럼 그 많은 음식을 다 잘할 수 있나요? 없습니다. 재료 구입과 보관 비용도 많이 들 겁니다. 그리고 여러 가지 재료를 보관하다 보면 아마도 신선하지 못할 겁니다. 간단한 예를 하나 더 해 드리죠. 바로 '리모컨'입니다. 리모컨은 크게 3가지 기능만 있으면 됩니다. 전원 ON, OFF, 볼륨조절, 그리고 채널을 바꾸는 기능만 있으면 불편 없이 잘 씁니다. 오늘 집에 가면 리모컨을 잘 살펴보세요. 불필요한 기능이

---

8) 이지훈, 『단』, 문학동네, 2015
9) 이지훈, 『단』, 문학동네, 2015

얼마나 많은지, 세계적인 기업 애플의 성공 1등 요소는 단연 '단순'입니다. 여러분 차별화는 생존의 필수 선택이 아닌 필수 과목입니다. 차별화에 실패하는 것은 버리지 못해서, 집중하지 못해서, 그리고 단순하지 못해서 실패하는 경우가 대부분입니다."

마케팅은 차별화라고 합니다. 그럼 나에 대한 차별화는 무엇이지? 내가 다른 학생과 다른 점은 무엇이고 어떤 점이 경쟁력이 있지? 나는 이 물음에 답을 찾고자 노력했습니다. 그러나 쉽게 답을 얻을 수 없었습니다. 외모가 뛰어나지도, 운동이나 노래를 잘하는 것도, 공부도 뛰어난 성적은 아닙니다. 교수님의 마지막 말씀이 생각납니다.

"여러분이 잘하는 것을 확실히 잘하게 해야 합니다. 우리 한국 사회는 부족한 것을 보충하는 것에만 집중했습니다. 이건 고등학교 학생이 대학교에 들어오기까지만 필요합니다. 이제는 고등학교 교육방식과 생각은 버리세요. 단순하게 만드세요. 버리고 집중하세요. 돋보기가 한곳으로 빛을 모아야 불꽃을 만들 수 있듯이 한곳으로 모으세요. 그래야 이길 수 있습니다. 이길 수 있는 것은 차별화! 차별화밖에 없습니다."

단 순

차별화 2

경영전략 수업시간에 교수님이 과제로 『나는 골목의 CEO다』[10]라는 책을 읽고 책의 내용을 정리하고, 차별화에 대해 발표 하는 것이었습니다. 그 책은 다윗과 골리앗의 싸움인 대형마트와 전통시장의 상인들이 힘거운 승부에서 나름의 차별화와 정직한 품질, 성실함으로 승리한 전통시장 골목 CEO들의 이야기입니다. 수업시간에 발표한 내용 중 요점을 정리해서 옮겨 봅니다.

전통시장의 단점은 주차장, 제품의 원산지와 가격 표시, 불친절과 시설 미흡 등이 있습니다. 그러나 장점 또한 있습니다. 저렴한 가격과 정이 넘쳐난다는 것입니다. 책에서 소개한 점포 사장님들은 모두다 대형마트와 싸워야 했습니다. 또한 같은 상권 내 상인들과 경쟁을 해야 하는 이중고를 안고 있었습니다. 그 위기를 그분들은 나름의 차별화를 통해 성공한 분들입니다.

――

10)　김종국 · 이갑수 · 백필규, 삼성경제연구소, 2013

직물 사장님은 기성복 수요가 줄어 종교에 관련된 옷의 시장을 넓혀 갔으며, 정육점 사장님은 주변의 외국인 고객을 위해 제품을 단계별로 세분화하고, 홍어 수산 시장 사장님은 다양한 입맛을 사로잡을 제품 개발과 인터넷 쇼핑으로, 새우젓 사장님은 숙성의 차별화를 통해 옛 고객을 다시 찾는 마케팅으로 성공한 분들입니다. 또한 신발을 파는 사장님은 대형마트와의 소량 다품종으로 승부를 띄우며, 젓가락 장인은 판로 개척을 위해 외국인 관광객을 사로잡는 다양성 등 그분들의 생존전략은 가히 필사적이었습니다. 업종은 다르지만 그분들에도 공통점이 있었습니다.

첫째, 품질과 신용이었습니다. 절대 품질을 속이지 않았기 때문에 오래 할 수 있었던 것이었습니다. 둘째, 성실함입니다. 아침부터 늦은 저녁 시간까지 묵묵히 최선을 다했습니다. 셋째, 시대의 변화를 계속 읽는 안목이 있다는 것입니다. 그 안목은 배움(공부)에서 나온 것이었습니다. '왜?'라는 물음표를 해결하고자 꾸준히 공부한 열공의 사장님들이었습니다. 나이를 먹어도 공부를 하게 되면 세월에 의해 어쩔 수 없이 늙어도, 최소한 낡아지지 않는다는 아버지의 말씀이 생각납니다. 넷째, 차별화입니다. 대형마트와 주변의 경쟁점포들과의 차별화를 위해 꾸준히 변화하고 노력했습니다. 그 변화의 핵심은 고객입니다. 고객은 계속 변합니다. 변하는 고객에게 한눈팔지 않는 열정이 있었습니다.

『나는 골목의 CEO다』에 소개된 성공한 분들에게 가슴 저린 아픈 사연이 왜 없겠습니까? 그분들에게 하루아침에 이루어진 것은 단 하나도 없었습니다. 모두 다 인내와 노력을 쌓아 올려 성공한 것입니다. 현실을 극복하고, 꾸준한 변화와 차별화, 노력의 땀으로 만들어낸 생생한 성공 이야기입니다. 골목의 CEO는 생존을 위해 차별화를 했습니다. 대형마트를, 경쟁점포를 이기기 위해, 살아남기 위해, 바로 희망 프로젝트에서의 전통시장 상인분들처럼 말입니다.

몇 주 후 마케팅 동아리 활동 시간에 기업체 선배님을 강사로 초청해 차별화에 대해 들은 이야기가 생각나 옮겨 봅니다.

"얼마 전 모 방송에서 청소를 잘하는 분의 방송을 보게 되었습니다. 그분은 안 보이는 변기의 뒷부분까지 청소하고, 콘센트의 찌든 때뿐 아니라, 주인의 구두는 물론이고, 가지고 있는 귀금속까지 닦아주며, 차량 세차까지 해줍니다. 이쯤 되면 청소를 맡기는 사람들의 만족도는 상상 초월입니다. 제가 이사를 하거나 집 청소를 맡기게 되면 당연히 그분께 일을 의뢰할 것입니다. 여기서 차별화를 발견해 보길 바랍니다. 안 보이는 부분까지 세심하게 구두, 보석, 차량세차… 이사하기 전, 사전 청소하시는 분들 중에 이렇게 하는 분이 몇 분이나 있을까요?"

아버지와 여름에 간혹 가는 콩국수집이 있습니다. 그 집은 한겨울에는 장사를 안 하지만 약 10개월은 오직 콩국수 하나만 합니다. 그래도 장사가 잘되어서 한여름이 아닌 4월에도 사람들이 많이 있습니다. 다른 콩국수집보다 면이 쫄깃하고 콩국물이 고소한 특징이 있습니다. 역시 맛도 다릅니다.

꼭 음식점이 아니라도 어떤 것을 연상할 때, '이거다.'라고 생각나게 하는 것, 그건 아마도 차별화를 했기 때문에 얻을 수 있는 선물일 겁니다.

스펙은 미래의 보험을 드는 거라고 합니다. 그러나 진짜 보험은 나만이 갖고 있는 경쟁력, 즉 차별화가 아닐까요. 저의 주변을 둘러 보면 하나같이 학점, 영어, 그리고 취업에 필요한 봉사 활동 등 모든 것이 취업의 기준으로 움직이고 있고, 캠퍼스에 핀 벚꽃은 시험으로 인해 외면을 받고 있습니다. 흔들리지 않고 핀 꽃이 없듯 청춘들은 꽃을 피우기 위해 지금 고통의 시간을 보내고 있는지 모릅니다. 『청춘의 민낯』이라는 책의 부제목, '내 몸, 내 시간의 주인이 되지 못하는 슬픔'이라는 것을 알았을 때 딱 맞는 옷을 입은 것 같이 저의 모습을 표현하는 것 같았습니다.

차별화, 태어날 때부터 차별화가 되어 있는 우리는 왜 하나같이 공통된 생각을 강요받고 있는지, 내가 잘하는 것을 찾을 생각조차 빼앗기는 것 같습니다.

피터 드러커는 "자신이 못하는 일을 평균수준으로 향상시키는 것보다 자신이 잘하는 일을 탁월한 수준으로 향상시키는 것이 더 쉽다."고 했습니다. 어떻게 하면 나를 차별화시킬 수 있을까? 그건 보는 관점을 바꿔야 한다는 것입니다. 같은 방향에서 같은 생각으로 차별화가 될 수 없으니 다른 관점에서 항상 접근하고 평상시 당연한 것도 부정해야 한다고 합니다. 하나만 파고들어야 합니다. 내가 잘하는 것을 찾아 경쟁력을 갖춰야 합니다.

내가 잘하는 것을 우선 찾아야 할 것 같습니다. 내가 좋아했던 일, 행복하고 즐거웠던 일부터 찾아봅니다. 그렇게 잡을 수 없는 시간은 붙들고 사정해도 야속하게 뒤돌아보지도 않고 자기 길을 계속 뛰어가고 있었습니다.

시간이 지나면
나의 청춘의 빈자리엔
무엇이 채워질까?

그렇게 시간은
저의 마음을 날카롭게
베고 지나갑니다.

다이
나믹

열정, 실천

움직여야 한다. 행동해야 한다.
나는 나를 이겨야 한다.
나의 천적은 바로 나이기 때문이다!

바운스

　　매주 화, 목요일 점심 식사 시간이 지난 다음, 나무 그늘 아래 벤치에 잠깐 앉아있으면 꼭 그 시간에 한 여학생이 지나가거나 옆 벤치에 앉습니다. 처음에는 몰랐는데 어느 순간 저는 최대한 좋은 옷과 책을 들고 그 벤치에 앉아있는 저의 모습을 보게 되더군요. 화, 목요일이 기다려지고 설렙니다.

　　중학교 때 버스 안에서 좋아하는 여학생을 보았을 때 심장이 멈출 것만 같았던 사춘기의 홍역. 그 여학생의 뒤를 따라가다 말도 한번 못 건네 보고 얼굴만 빨개졌던 추억 속의 모습이 덮어 놓았던 세월 뒤로 바람 불어 생생하게 떠오르게 합니다. 오늘도 머릿속으로 떠오르는 생각을 말로 한번 표현하지 못하고 그냥 헤어졌습니다. 희망을 가져야죠. 내일모레 다시 만나면 그때 꼭! 꼭 말을 건네야겠습니다. 아니! 편지를 써야겠습니다. 중학교 때까지 문학소년 이었던 실력을 발휘해야겠습니다.

　　늦은 밤입니다. 날을 등불 삼아 삭은 방에서 세상에서 가장 좋은 글을 찾아 글을 쓰고 지우고, 쓰고 지우기를 수십 번. 최상의 글을 쓰고 늦게 잠이

들었습니다. 다음 날 눈을 뜨자마자 어제의 편지를 읽어 보았습니다. 왜 이리 유치하고 창피하던지, 바로 휴지통으로 던져 버렸습니다. 수업시간, 눈은 교수님을 바라보고, 머리는 그 여학생을 생각하고 있었습니다. 뭔가 답을 찾고 싶은 마음에 외삼촌에게 전화를 했습니다. 자초지종을 들은 외삼촌의 말씀은 의외로 간단했습니다.

"너 가수 김흥국 씨 아냐? 그 가수의 장기가 뭐냐면 일단 들이대는 거야! 스케이트 선수의 메달 순위 기준이 0.1㎜라도 먼저 들어오는 스케이트 날인 것처럼, 일단 들이밀어. 요즘도 너처럼 짝사랑으로 가슴앓이하는 사람이 있냐? 뭐든지 실천 없이 가만히 앉아서 이루어지는 건 단 하나도 없다는 그 진리를 잊지 말고, 일단 들이대! 잘될 거야."

제가 잊고 있었던 중요한 것 바로 실천. 행동으로 옮겨야만 뭐든지 얻을 수 있는데 저는 왜 이리 망설였던 것일까요? 뭐든지 실천하기 전 주저하고 망설인다고 하는데 그 이유를 찾아보았습니다. 이유는 '실천하기 전 많은 생각이 가로막고 있어서'였습니다. 생각은 단순하게, 돌진할 때는 과감하게….

3년 전 추억 속에 묻어 두었던 이야기를 꺼낸 것은, 망설이고 주저하는 동안 그 여학생의 모습이 보이지 않아 결국 말 한번 건네 보지 못했다는 겁니다. 이제는 주저하지 말아야겠습니다. 내가 준비하고 있는 취업의 길이 힘들더라도 '마부작침磨斧作針'[1]이라는 말을 기억하며, 오늘도 긍정의 도움을 받아, 내 자신을 방아에 넣고 찌며 책과 샅바 싸움을 합니다.

---

1)   도끼를 갈아 바늘을 만든다는 뜻으로, 꾸준히 노력하면 이룰 수 있다는 말입니다.

유혹

공강 시간을 활용해 도서관에서 과제 준비 겸 책을 읽으려고 하고 있었습니다. 이때 카카오톡으로 친구들이 달콤달콤한 유혹을 하기 시작 합니다. 차 한잔, 운동하자, 귀가 팔랑거립니다. 사실 이런 일이 한두 번이 아닙니다. 굳은 결심을 하면 할수록 유혹의 녀석이 본격적으로 활동하는 거 같습니다. 그러나 전 이거 내야 합니다. 유혹을 뿌리쳐야 합니다. 유혹의 꼬리는 잠시의 시간이 지나면 대부분 사라지고 만다는 것을 기억해야 합니다. 자신을 통제하고 유혹을 이겨내지 않으면 돌고 돌아 제자리걸음만 할 뿐이라는 것을 저는 잘 알기 때문입니다.

주변의 바람잡이들이 유혹할 때마다 저는 마트에서 아르바이트하는 어머니, 택배 일로 고생하는 아버지, 그리고 군대 있을 때 힘들었던 행군과 유격을 생각합니다. 부모님을 생각할수록 부담감이 있지만, 제가 할 수 있는 것은 현실 속에서 최선을 다하면서 장학금으로 부모님의 재정과 근심 걱정을 덜어 드리는 길이 가장 빠른 길입니다. 그러기 위해서는 공부해야 하며, 학우들과의 경쟁에서 이겨야만 합니다. 이건 피할 수 없는 현실입니다.

오른손이 없이 태어난, 미국의 메이저리그의 최고의 투수 중 한 명인 짐 애보트. 오른팔에 글러브를 끼고 왼손으로 공을 던졌던 그는 1993년 뉴욕 양키즈에서 노히트 노런까지 기록했던 선수로 장애인에게 희망의 상징이었습니다. 그에게 가장 큰 장애물은 "나 자신"이라고 했습니다. 유혹을 이기기 위해서는 끊임없이 자신과 싸워 이겨야만 한다고 합니다.[2]

중학교 때 아버지가 해 주신 이야기입니다.

"잔디를 망가트리기 가장 쉬운 것이 뭔 줄 아니? 그건 바로 잔디를 그냥 놔두는 거야. 그럼 풀 속에 잡초도 자라고 웅덩이도 생기고 망가지는 거지. 모든 자연 현상은 관리를 잘하고자 하는 노력으로 일정한 규칙을 유지하지. 하지만 노력을 하지 않고 잔디처럼 그냥 방치한다면 질서가 무질서로 바뀌겠지. 이런 현상을 물리학에선 '엔트로피의 법칙'이라고 해."

맞습니다. 끊임없이 나를 다듬고 노력하지 않으면 즉, 자기 스스로 관리를 하지 않으면 마음속 잔디는 어느 순간에 망가지겠죠.

오늘은 저 자신과의 싸움에서 이기기 위해 휴대전화를 꺼 버렸습니다. 꿈을 위해 한 발을 내딛기 위해 버려야 하는 것은 실천 없는 목표가 아닐까 합니다. 실천! 행동이라고 해도 되겠습니다. 성공의 확률을 0%에서 100%까지 높이는 지름길은 지금 당장 실천하는 것입니다. 가만히 앉아있는 사람에게는 행운마저 비켜 간다는 친구의 말이 새벽바람을 타고 저의 마음속에 스며듭니다. 오늘따라 창문을 두들기는 빗소리가 역동적으로 들리는 늦은 밤입니다.

———

2)   권종오, 『나도 이길 수 있다』, 황소자리, 2014

의도성 체감의 법칙

　　　　　　　　　　자기계발서를 읽어 보거나 성공한 분
들의 이야기를 들어 보면 결심했을 때 바로 실천해야 한다고 합니다. 실천할
적기는 바로 지금! 지금이 정답이라고 하는데 그 이유를 얼마 전에 알았습니
다. 바로 '의도성 체감의 법칙' 때문입니다. 지금 해야 할 일을 미룰수록 실천
하지 않을 가능성이 커진다는 말인데요. 미루면 미룰수록 이룰 수 있는 확률
이 낮아진다는 것입니다. 맞습니다. 잠시 주저하고 미루는 사이 튼튼하다고
자부한 저의 결심의 벽을 부정과 게으름의 벌레가 사정없이 허무는 것입니
다. 다음도 아니고, 내일도 아니고 지금! 바로 지금이 기회니 행동해야만 합
니다.

　　바로 행동해야 하는 또 하나 좋은 예를 찾았습니다. 유럽에서 성공한 로
스차일드사社가 미국에 진출할 때 일입니다. 최고 경영자가 한 부하 직원에
게 물었습니다. 미국에 지점을 낼 생각인데 떠나기 전 준비 기간이 얼마나
필요한가에, 한 직원은 10일, 또 한 직원은 3일을 대답했습니다. 그러나 한
직원은 "지금 곧 떠나겠습니다."라고 했고, 그가 바로 샌프란시스코의 갑부

줄리어스 메이라는 사람입니다.[3]

이제 3학년 2학기입니다. 노력은 저를 배신하지 않는다는 좋은 글이 저의 마음을 사로잡습니다. 조선의 대표적인 명필, 추사秋史 김정희金正喜 선생은 70 평생 벼루 10개를 밑창 냈고, 붓 일천 자루를 몽당붓으로 만들었으며, 서성書聖으로 불리는 중국의 왕희지王羲之도 서예를 연마하기 위해 연못 물이 까매지도록 먹을 갈았다고 합니다.[4] 지금까지 나름 최선을 다했지만, 다시 한번 후회 없는 대학생활을 위해 처음부터 다시 시작한다는 마음으로 최선을 다해 봅니다. 세상의 위대한 그 어떤 일도 첫발을 내딛는 것부터 시작되었고, 마침내 그 첫발로 인해 끝이 있다는 것과, 바로 한 장부터 쌓아 올린 피라미드와 산의 정상에 서기 위해 저 밑에서부터 한발씩 올라갔던 마음으로, '수적천석水滴穿石', 물방울이 바위를 뚫는 건 그 힘 때문이 아니라 하루하루 거르지 않고 꾸준히 떨어졌다는 말을 기억하며, 꾸준함의 의미를 되새겨 봅니다.

저는 긍정적이며, 희망과 꿈도 있습니다. 저는 늦지 않았습니다. 아니 지금이 가장 빠를지도 모릅니다. 그 이유는 분명한 목표를 가지고 실천을 하기 때문입니다. 시작하기에 늦은 때는 없습니다.

수적천석

3)   조안 리, 『사랑과 성공은 기다리지 않는다』, 문예당, 1995
4)   정호승, 『내 인생에 용기가 되어준 한마디』, 비채, 2013

다이나믹
열정. 실천

땀의 향기

　　미국 캘리포니아 주 서해의 샌프란시스코 만과 태평양을 잇는 골든 게이트 해협에 설치되어 있는 다리를 '금문교金門橋', 즉 골든 게이트(Golden Gate Bridge)라고 합니다. 그 지역은 거센 조류와 안개가 많은 날씨로 건설이 불가능하다고 했지만, 4년 만인 1937년 길이는 2,825m, 넓이는 27m의 다리가 완공되면서, 미국 토목학회에서 7대 불가사의의 하나로 꼽게 되었다고 합니다.[5] 이 아름다운 다리에 관광객이 끊이지 않는 이유는 한 해도 거르지 않고 보수, 보강 공사를 하기 때문이랍니다.

　　위의 내용을 알고부터 나태함이 주변의 환경과 타협하지 않도록 저만의 보수, 보강 공사를 해야겠다고 생각하고 있을 무렵 고등학교 짝이 생각났습니다. 그 친구는 가정 형편이 어려웠습니다. 고등학교 학비도 신문배달을 통해 어렵게 졸업을 했으니까요. 그는 눈이 오나, 비가 오나 1년 365일 신문과 신문배달에만 매달렸습니다. 심지어 군대 휴가 중에도 신문배달을 했으니,

---

5)　　네이버 두산백과 참고

그 신문사에서 다른 사람은 몰라도 그 친구는 꼭 도와줘야 한다는 말을 들을 정도였습니다. 그 친구는 참 성실하고 우직합니다. 몇 년 후면 자신의 지국을 가질 구체적인 계획을 세우고 있으며, 꾸준히 실천하고 있으니 꼭 현실이 될 거라 전 믿습니다. 얼마 전 통화해 보니 지금도 새벽을 열며 신문을 돌린다고 하더군요. '우보천리牛步千里', 느린 걸음으로 천 리를 간다는 뜻인데요, 가야 할 길을 잘 알고 천천히, 그리고 꾸준히 가는 그 친구에게 잘 어울리는 한자성어인 것 같습니다.

위의 친구와 같은 이야기의 사례입니다. 왓킨스사社의 깨지지 않는 실적을 남긴 빌 포터. 뇌성마비 장애를 안고 태어난 빌 포터는 쓸 수 없는 오른손을 뒤로 감추고, 왼손에 무거운 가방을 들며 매일 15㎞씩 24년을 걸었던 인내의 사나이였습니다. 어머니가 싸주신 샌드위치 위에 쓰인 '인내', 뒤쪽에 '끝까지 인내하기'는 그의 좌우명이 되었고, 최선을 다하며 하루도 빠짐없이 방문하는 성실함을 알아보는 고객들이 늘어갔습니다. 느린 걸음이었지만 절

대 멈추지 않았던 빌 포터는 영업왕에 오릅니다.[6]

　추억은 다시 고3 이른 아침으로 저를 안내합니다. 그 친구는 새벽 신문을 돌리고 저의 옆에 앉습니다. 씻을 시간도 없이 등교해서 그런지 여름에는 땀 냄새가 솔직히 싫었지만, 지금 생각해 보면 그 땀 냄새는 그 어떤 향수보다 진하고, 가장 멋있는 꽃보다 향기로웠던 노력의 땀이었습니다. 변함없이 자신의 목표를 향해 꾸준히 노력하는 그 친구의 지구력이 새삼 부럽습니다. 실천하고 노력한 만큼 미래의 근심과 두려움이 사라진다는 것을 믿으며, 꿈은 유통기간이 없지만 신선한 열정이 없다면 변질되어 쓰레기통에 버려지고 만다는 것을, 기억 속에서 고등학교 짝을 통해 알게 된 하루였습니다.

─

6)　셸리 브레이디, 장인선 옮김, 『도어 투 도어』, 시공사, 2011

Q에게

오랜만에 평상시 알고 있던 어머니의 오랜 친구의 아들 A의 소식을 접할 수 있었습니다. 평상시 저도 잘 알고 지내던 후배 A는 고2에서 3학년으로 올라가면서 많은 변화가 있었습니다. 그의 이야기를 담아 지금 고3으로 올라가는 사랑하는 후배 Q에게 편지를 써봅니다.

3학년 초 봄, 담임 선생님이 A 학생을 불렀습니다. 진로 지도 때문이었습니다. A 학생은 고2 때까지만 해도 중위권 정도의 그렇게 공부를 잘한다고 보기 다소 무리가 있는 학생이었습니다. 더욱이 고2 때 담임 선생님과 사이가 좋지 않아 공부에 점점 흥미를 잃어가고 있었습니다. 그런데 고3 담임 선생님은 A 학생의 성적표를 보면서 "조금만 열심히 하면 서울에 있는 K 대학교에 갈 수 있다."고 말했습니다. A라는 학생은 귀를 의심했습니다. 서울에 있는 K 대학교…. 가고 싶은 대학일 뿐 현실은 아주 멀게만 느껴졌던 그 대학교를 내가 조금만 열심히 하면 된다니…. A 학생은 선생님에게 되물었습니다. "선생님, 제가 서울에 있는 K 대학교에 갈 수 있다구요? 농담이시죠?" 선생님은 단호했답니다. "아니,

넌 가능해. 이걸 봐라." 그러면서 입학 가능 지표를 보여주며 해 보라고 권했습니다. 가능하다고 하면서 말입니다. A 학생은 놀라면서도 한편으로는 믿어지지 않았습니다. 저녁에 어머니께 이 사실을 알렸고 어머니도 믿을 수 없어, 기대의 뜬눈으로 밤을 보냈다고 합니다.

그 다음 날, 어머니는 기대 반 우려 반으로 고3 담임 선생님을 찾아갔습니다. 고3 선생님은 "네, 가능합니다. 남은 시간을 어떻게 보내느냐가 문제죠. K 대학교에 갈 수 있습니다."라고 말했습니다. 같이 있던 A 학생은 곧바로 대답했다고 합니다. "예! 해 보겠습니다. 한번 열심히 해 보겠습니다!" 그 후로 뒤돌아보지 않고 앞만 보고 죽기 살기로 공부를 했다고 합니다. 정말 사람이 이렇게 달라질 수 있을까? 부모도 깜짝 놀랄 정도로 말입니다. 그 후 모의고사와 중간고사, 각종 시험에서 성적 향상을 경험한 그 학생은 한층 더 목표한 대학을 향해 돌진했습니다. 그의 어머니는 말합니다. "비록 원하는 대학에 떨어지더라도 가능성을 충분히 봤고, 스스로 하면 된다는 자신감을 얻었습니다. 뭐든지 할 수 있습니다." 결국 A는 바라던 K 대학에 당당히 합격했습니다.

고3으로 올라가는 Q에게 이 이야기를 들려주고 싶었어. 위의 이야기에는 A라는 학생에게 첫 번째, 동기부여가 있었지. 새로운 선생님이 꿈에 활기를, 가능성을 불어넣어 주었던 거야. 두 번째, 목표, 바로 꿈꾸던 K 대학. 세 번째, 실천이야. 공부를 하면서 '하면 된다.'는 자신감을 얻은 것이지.

이 여백을 빌려 Q에게 응원의 글을 위의 선배 이야기로 대신 할게. 노고의 그물과 씨앗을 뿌리니 고기와 열매를 얻을 것이고, 꿈을 꾸고 실천하면 현실로 이루어질 것을 믿으며, Q가 바라고 꿈꾸던 꿈의 대학을 위해 잠시 쉼표란 있지

만 마침표는 없길. '우공이산愚公移山'처럼 굳은 의지로 꿈을 꼭! 이루기 바라면서
….

　고독이 익숙한 이 새벽. 바람을 타고 Q에게 저의 짧은 응원의 글을 담아
우체통에 넣어 봅니다.

다이나믹
열정. 실천

해 보겠다고.
하겠다고.
중간에 포기하지 않겠다고.
내 발걸음으로 꾸준히 가겠다고.

내 안의 나한테 지금! 약속해 봅니다.

세렌디피티(Serendipity)

'세렌디피티(Serendipity)'라는 단어가 있습니다. 해결하고자 하는 문제와 전혀 상관없는 또 다른 무엇을 우연히 발견한다는 뜻인데요. 1974년 중국 산시성 린퉁현 작은 마을에서 가뭄으로 땅이 메말라 물을 얻기 위해 땅을 파다 그 땅에서 세계 8대 기적으로 불리는 진시황의 병마용兵馬俑을 발견했고, 서부 개척자들이 물을 마시기 위해 잠시 쉬다 금덩어리를 발견하듯, 이 모든 행운도 생각해 보면 행동을 해야 얻을 수 있는 것이었습니다.

군자는 "행위로써 말하고 소인은 말로만 한다."라고 했습니다. "구슬이 서 말이어도 꿰어야 보배."라는 말은 아무리 좋은 것이 있어도 꿰어야 하는 실천이 없다면 쓸모없다는 말입니다. 성경에도 "문을 두드리라 그리하면 너희에게 열릴 것이니"[7]라는 말씀은 문을 두드리는 적극적인 실천, 행동이 없으면 이룰 수 없다는 것입니다. 저는 일을 할 때 힘들면 아버지가 전에 말씀

---

7)   마태복음 7장 7장

세렌디 피티

하신 가장 힘이 센 '초심'에게 안부를 물어봅니다. "초심! 안녕하십니까?" 라고, 그럼 그때가 '프라임 타임(Prime Time)[8]'입니다. 다시 일할 힘이 납니다.

시험 정보를 얻기 위해 만난 선배님의 이야기입니다. 『나도 이길 수 있다』의 권종오 작가님이 이런 말씀을 하셨다고 합니다. "승자는 지금이라는 말을 쓰고, 패자는 나중이라는 말을 자주 쓴다."

미루지 않고 바로바로 실천하며 열공하는 선배님은 말과 행동이 일치하며 배울 점이 많습니다. 그 선배님은 항상 앞서서 모범을 보이는 과의 '행동대장'입니다.

세렌디피티의 행운은 가만히 앉아서 기다리는 사람에게 나타나지 않거나 찾아오지 않을 겁니다. 저는 얼마나 미루지 않고 실천했는지 중간 점검을 해 보았습니다. 이번만큼은, 한 번쯤이야, 라는 예외 규정을 두어 실천을 미

---

8) 광고 효과가 가장 높은 황금시간대 즉, 텔레비전 또는 라디오에서 시청률, 청취율이 가장 높은 시간대

루고, 열정적이지 못했던 저의 모습을 떠올리며 반성합니다.

모처럼 집으로 가는 버스를 타고 가다 잠시 정차를 했을 때 큰 교회에 세로로 걸려있는 현수막이 한눈에 들어옵니다. '할 수 있다. 하면 된다. 하자!' 순간, 다른 세련된 표현은 없나 생각을 했습니다. 그런데 되새김해 보니 바로 그게 정답이더군요. 할 수 있다는 긍정, 하면 된다는 자신감, 하자의 실천을 넣으면 근사한 결과물이 나온다는 것을 알게 되었습니다.

바라는 모든 일에 실천이 없다면 그저 공허만 메아리일 뿐이라는 것을, 원하는 것을 얻고 싶다면 열심히 노력하고 실천하면 된다는 평범하면서 울림이 있는 말을, 오늘도 저의 텅 빈 마음의 공간과 일기장에 채워 봅니다.

다이나믹
열정. 실천

청춘에게 열정이란

몇 년 전 모 기업의 라디오 광고를 그대로 옮겨 봅니다.

애교 섞인 목소리의 아내: 여보~ 오늘 일찍 들어올 거야?

퉁명스러운 남편: 글쎄 왜?

깜짝 놀란 아내: 오늘 무슨 날인지 몰라?

당황한 남편: 아~ 오늘… 그거지… 자기 생일? 요새 기억력이 떨어져서….

퉁명스럽고 실망한 아내: 나에 대한 열정이 떨어진 거겠지!

시간이 지나면 그 뜨거웠던 열정도 식는가 봅니다. 위의 광고처럼 말입니다. 그러나 어찌 보면 당연한지도 모릅니다. 사람은 항상 열정적일 수는 없으니까요.

'말파리 효과'라는 게 있습니다. 링컨 대통령의 재미난 일화에서 나온 이야기입니다. 게으른 말도 말파리에 물리면 갑자기 질주하게 되는 것처럼 열정적이기 위해, 한 발 더 뛰기 위해, 개인과 기업도 일정한 자극이 필요합니다. 특히 나태하게 지내는 저한테 말입니다.

지치고 힘들어도 다시 힘낼 수 있는 이유, 그 이유가 얼마나 강하고 뚜렷한가에 따라서 포기하지 않는 것 같습니다. 인내도 마찬가지입니다. 젊은 청춘들은 참을성이 없다고 합니다. 일부 동의를 하지만 더 정확하게 말하자면 참아야 하는 충분한 이유가 없기 때문에 참지 못하는 겁니다. 우리는 열정이 있어야 하는 이유를 찾지 못하고 있습니다. 청춘은 열정적으로 일하고 싶지만 그런 공간과 장소가 없습니다. 축구 선수가 슈팅을 해야 골을 넣을 수 있지만, 축구경기에 선수로 뽑히지 않으니 슈팅을 할 기회도, 뛰고 싶은 운동장의 잔디를 밟을 기회조차도 없습니다.

내가 해야 할 일을 미루지 않기 위해, 하나하나 다시 정리해 봅니다. 더 힘든 언덕길을 오를 수 있게 튼튼한 이유를 적고 마음을 다시 잡아 봅니다. 움직이자. 이겨내자. 내 열정의 자리에 노력의 땀을 뿌려 보자. 부딪혀 보자. 아직 나는 젊으니까, 나는 할 수 있으니까. 이렇게 도서관에서 내 노트의 여백에 마음을 담아 글을 채워봅니다.

다이나믹
열정. 실천

결심

　　　　　　　　　　　시험이 끝나고 모처럼 친구와 야구장
에 갔습니다. 재미있는 경기였습니다. 상대 팀이 초반에 점수를 내었지만
추가 점수를 내지 못해 계속 끌려가다 결국 제가 응원한 팀에게 역전을 허
용했습니다. 저녁에 하이라이트를 진행하는 해설자가 이런 말을 하더군요.
"도망갈 때 확실히 도망가지 않으면 언제든지 역전의 빌미를 제공합니다.
찬스가 몇 번 있었는데 살리지 못해 역전을 당했습니다." 야구를 아는 분이
라면 다 아는 일반적인 해설입니다. 근데 오늘따라 그 해설이 다르게 들리
는 이유가 무얼까요? 뭐든지 때가, 기회가 왔을 때 해결을 해야 한다는 것입
니다. 그때그때 미루지 않고 실천한다면, 실천의 결심이 선행된다면 문제는
해결됩니다.

　　며칠 전 꿈을 꾸었습니다. 저는 놀고 있고 옆에 있는 친구가 저의 시험공
부를 대신 하고 있었습니다. 시험공부를 다른 친구에게 제가 시킨 것이었습
니다. 시험공부는 당연히 제가 해야 하는데⋯. 참 이상한 꿈이었습니다. 점
심 먹으면서 꿈을 생각해 봤습니다. 먹는 음식도, 하고자 하는 실천도, 결코

누가 대신해 주지 않는다는 것입니다.

제가 자주 앉는 나무 그늘 벤치에 앉았습니다. 제가 읽었던 책의 한 구절이 생각납니다.

해발 4,158m, 스위스에서 제일 높은 융프라우. 등정자의 90%를 죽음으로 몰고 간 이 험난한 산의 정상 가까이 갈 수 있던 것은 바로 아돌프 쿠에러 첼러라는 철도 전문가의 꿈과 희생이 있었기 때문입니다. 융프라우 산을 뚫어 기차 터널을 만들자는 그의 꿈과 비전을 많은 사람들은 허황되고 불가능한 일이라고 말했습니다. 그러나 그는 꿈을 위해 자신의 모든 재산과 열정을 12년 동안 쏟아 부었습니다. 그렇지만 그는 안타깝게 마지막 4km를 남겨두고 병으로 생을 마감합니다. 그 후에 사람들은 그가 남긴 마지막 터널을 완성해 365일 동안 만년설로 아름다운 융프라우를 정상 가까이에서 경험할 수 있게 되었습니다. 바로 한 사람의 꿈과 열정, 그리고 헌신이 이루어낸 결과입니다.[9] 꿈과 비전을 품었지만 실행에 옮기지 못했더라면, 아돌프 쿠에러 첼러 라는 이름을 기억하는 사람은 없었을 것입니다.

꿈을 이룬 사람은 행동하는 즉, 실천하는 5%라고 합니다. 결국 꿈은 꾸준히 실천하는 5% 사람들이 갖는 것이었습니다. 주변이 정리되고, 형편이 좀 나아지면, 이것만 해결되면, 언젠가 하겠다고… 그 언젠가는 영영 오지 않을지도 모릅니다. 저의 대학생활도…

시작이 힘듭니다. 자동차도 출발할 때 연료 소모가 많이 된다고 하더군요. 시작, 첫발을 빨리 내디뎌야 합니다. 지금은 고인이 된 지그 지글러의 저

———

9) 이기용, 『30일간의 묵상』, 누가, 2015

서 『시도하지 않으면 아무것도 할 수 없다』라는 제목이 실천의 모든 답을 말해 주는 것 같습니다.

　2차 대전 중에 정신과 군의관이 전쟁에서 무서운 경험을 한 환자들을 치료한 것은 바쁘게 만든 것이라고 합니다. 오늘도 자취방에 적어 놓은 목표를 보면서 바쁘게 움직여 봅니다. 적절하게 바쁜 것은 생활에 활력을 불어넣어 주고, 저의 경험으로도 공부가 더 잘되는 것 같습니다.

　수업 중 교수님의 말씀으로 오늘 일기를 마무리해야겠습니다. "여러분! 다른 사람보다 앞서고 싶습니까? 그럼 그건 그리 어려운 일이 아닙니다. 지금 시작하면 되니까요. 여러분이 얻고자 하는 게 있다면 실천하고 움직이세요. 실천 이외 또 다른 답은… 없습니다!"

간절함

가을이 깊어 가는 늦은 저녁, 쓰레기를 버리러 자취방에서 나와 골목을 지나고 있는데 한 어머니께서 아이의 이름을 부르면서 이리저리 정신없이 뛰어다니는 것을 보았습니다. 신발이 벗겨지는 것도 모르고… 조금 후 아이 이름 소리가 점점 커지면서 온 마을을 뒤덮고도 남았습니다. 멀리서 보고 있는 저도 참 안타까웠습니다. 잘은 모르지만 아마도 잠깐 한눈을 파는 사이에 아이가 없어졌나 봅니다. 어머니의 마음이 어떨까? 얼마나 간절할까? 제 머릿속까지 하얘지는 것 같았습니다. 잠시 후 우는 소리가 나서 다가가 보니 어머니가 아이를 부둥켜안고 우는 것이었습니다. 다행히 아이를 찾았나 봅니다. 얼마의 시간이지만 어머니의 마음이 얼마나 타들어 갔을까요. 그 순간 무엇을 주어서라도 바꾸려고 했던 그 간절함.

매번 목표를 세우면서 반드시, 기필코, 꼭 하겠다고 다짐하지만 새 목표를 포기하는 것이 7일 이내가 41%, 평균 11일 이내 포기한다는 조사결과가 있습니다. 포기하지 않는 사람이, 꾸준히 실천하고 노력하는 사람이 승리자가 된다는, 누구나 다 아는 진리 앞에 왜 알면서 실천하지 못하는 것일까요? 답은 간절함, 절실함이 부족해서입니다.

얼마 전 동아리에서 취업에 성공한 선배님과의 대화 시간을 만들었습니다. 강사로 나온 선배님은 정장에 당당한 모습이었습니다. 그 선배 강사님의 첫 번째 이야기는 "지금 여기 있는 사람은 얼마나 간절합니까? 타고난 사람은 노력하는 사람을, 노력하는 사람은 즐기는 사람을, 즐기는 사람을 이기는 사람은 바로 간절한 사람이 이긴다고 합니다." 선배님의 취업 성공스토리를 경청하는 순간, 나는 나의 행복을 찾기 위해 얼마나 노력을 게을리하지 않았나 저 자신의 물음에 자유로울 수가 없었습니다. 그렇습니다. 저는 부모님의 실직과 어려움을 보면서도 게을렀으며 간절하지도 않았습니다. 그저 세월의 배에 몸을 싣고 그렇게 떠다니고 있었습니다. 취업에 성공한 선배님의 비결은 '간절함'이었습니다.

아이를 잠시 잃어버렸던 어머니만큼의 간절함은 아니지만, 고3 때 지금의 대학에 들어오기 위해 간절한 마음으로 최선을 다해 공부했던 모습과 생각은 어디로 사라저 버렸는지 모르겠습니다. 인디언 기우제처럼 한번 시작하면 끝을 보는 끈기의 부족함을 고백합니다. 열심히 생활했지만 결단이 부족했고, 때론 작은 결심도 실천하지 못하는 내가 미울 때도 있었습니다.

마음 심心에 간절함의 막대기를 꽂으면 반드시 필必이 되듯, 간절함으로 움직이면 못 할 것도, 안될 것도 없습니다. 내가 바라는 것을 얻기 위한 동력으로 간절함 만한 효과 있는 약은 없는 것 같습니다.

화룡점정 畫龍點睛

　　'아~ 날이 새면 집 지으리라!'라는 새
가 있는 걸 아시나요? 히말라야 지방에 산다는 전설 속의 새 말입니다. 히말
라야 산은 낮엔 따뜻하지만 밤엔 몹시 추워, 낮에는 종일 놀다가 밤이 되면
집을 짓지 않는 것을 후회하며 운다고 합니다. 하지만 아침이 되면 어젯밤
에 추위에 떨던 것을 까맣게 잊고 또다시 노래 부르며 놀기만 한다는 것입니
다.[10] 미루다 후회하는 일이 없어야 하는데 요즘 저의 생활이 위의 새처럼,
우물쭈물하다 하루, 이틀이 가고, 일주일이 지나갑니다. 그리고 순식간에 한
달이 금방 지나가는데, 자취방의 각종 요금이 돌아서면 나와 있더군요. 이
렇게 시간은 빠르게 가고 있는데 나는 무엇을 하고 있는지, 삐걱거리는 고장
난 시계처럼 지금 저의 생활은 분명 'NG'입니다.

　　다시 목표를 꺼내 봅니다. 그리고 희망을 불러 봅니다. 희망이 없다면 행
동도 없고, 행동이 없으면 어떤 것도 얻을 수 없으니 우선 희망의 비상벨을

―――

10)　오평선, 『꼴찌 아빠 일등 아들』, 북허브, 2008

눌러 봅니다. 그래야 행동도 따라오니까요. 오케스트라 연주는 합심해서 아름다운 소리를 만들어 냅니다. 긍정과 감사, 꿈과 목표, 그리고 실천의 합심이 있어야 비로소 작은 꿈이 완성됩니다. 마지막 '화룡점정畵龍點睛'은 바로 '실천'입니다.

얼마 전 동아리 선배님이 모 기업의 광고 공모전에 출품 준비를 아주 즐겁게 하는 모습을 본 적이 있습니다. 몇 날 며칠 밤을 새워도 살아서 팔딱거리는 생선처럼 에너지가 넘칩니다. 선배님의 열정적인 모습 뒤에는 하고 싶은 일을 하고 있다는 것을 느꼈습니다. 열정은 전염성이 강하다고 하는데, 어떨 때는 살아있는 기氣가 저한테 옮겨지는 것을 느낍니다.

도서관, 바로 건너 앞자리에 앉아서 공부하는 여학생을 봤습니다. 벌써 3시간 넘게 바위처럼 꿈쩍 않고 공부에만 집중합니다. 저도 질세라 책도 보고, 열심히 공부도 했습니다. 다음 날도 그 자리에서 변함없이 열심히 공부하는 여학생, 또 다음 날도, 그 다음 주도, 시험기간이 아닌데도 계속해서 공부의 고삐를 놓지 않고 전력을 다하는 모습을 보며 생각을 해 봤습니다. 도

대체 어디서 그런 힘이 나올까? 아마도 간절함의 크기가 그 여학생을 움직이게 했다고 봅니다. 모르는 여학생이지만 '타산지석他山之石' 삼아 저도 열심히 공부하고 있습니다.

도서관에서 나왔습니다. 답답한 저의 가슴을 뚫어 줄 넓고 푸른 바다. 첫눈 내리는 빨간 등대의 거울 바다. 그 바다 위에 떠 있는 깨끗한 별을 보고 싶습니다.

수백 년의 나무도 작은 씨앗부터 시작되고, 산도 밑에서부터 한발 한발 올라 갔던 사람에게 정상을 보여줍니다. 노력하고 열정적인 사람에게 기회도, 미래도, 기적도 보여 준다고 합니다. 머리만 굴려선 밭을 갈 수 없고 열매의 수확을 얻을 수 없습니다. 실천, 실천해야 얻을 수 있으며, 실천은 누구도 대신 해 줄 수 없습니다.

스마트

지식을 마음에 넣고
흔들어 지혜를 얻습니다

찬 바람의 온기가 남아있고,
먼 산 위에 눈이 힘겹게 매달려 있었던 입학식 봄이 생각납니다.
그러나 지금, 계절의 시간은 마지막 종착역을 한 정거장
남겨 놓고 그렇게, 그렇게 쉬지 않고 가파르게 가고 있습니다.

응원단장에게서 온
편지

　　　　　　　　　4학년, 새 학기가 시작되면서 후원회장 겸 영원한 저의 응원단장인 아버지의 손편지를 받았습니다. 택배 일을 접으시고 중소기업에 취업하셔서 바쁜 나날을 보내시고 계셨습니다.

　사랑하는 아들 성민이에게

　새로운 직장에서 모처럼 창밖을 보니 벌써 개나리가 피었구나. 대학교를 입학하면서 편지를 보낸 것이 엊그제 같은데 군 복무까지 마치고 4학년 졸업반이라니. 지금까지 잘 자라줘서 고맙다. 아들아. 돌아보면 너의 행복과 꿈을 위해 좋은 환경 속에서 공부할 수 있도록 아버지는 지렛대 역할을 해 주고 싶었다. 그 누구보다도…. 그런데 사회는 부모의 계획대로 움직이지 않더구나. 돈 문제로 힘들었지? 미안하다. 하지만 가난했지만 사랑까지 가난하지 않았다.

　부모는 항상 자식에게 좋은 것을 주고 싶고, 못 가지고 있는 것을 갖게 하고 싶으며, 내가 이루지 못한 꿈을 대신 이루어주기 바란다. 그런데 이제는 아니라는 것을 알게 되었다. 그건 자식의 행복을 바라는 그럴싸한 포장을 한 부모의 욕심이라는 것을, 가장 우선순위가 되어야 하는 것은 성민이에게 진정한 행복이 무엇인지 알려 주지 못해 요즘 들어서 아버지의 가슴 한 곳을 치고 있는지도 모르겠다. 하고 싶은 것을 해라 성민아! 아버지가 돌아보니 가장 행복했던 시간은 하고 싶은 것을, 잘하는 일을 했을 때라는 것을 너무 늦은 나이에 알아 버렸구나. 조금 더 일찍 알려 줘야 했는데, 그러지 못해 미안하다. 부자는 돈이 많은 사람이고, 잘사는 사람은 행복한 사람이니 부디 부자보다 잘사는 사람이 되길 바란다.

오늘 하루도 쉼표가 모여서 마침표가 되어 그렇게 하루가 지나가는구나. 행복을 너무 멀리서 찾지 말고 고개를 들고 주변을 돌아보면 많이 있으니, 가까운 곳에 있는 행복을 오늘 찾아보렴. 어제는 성민인가 하고 돌아봤지만 횡하니 바람만 나의 가슴으로 들어왔구나. 너의 따뜻한 가슴을 안아 보고 싶다. 보고 싶구나.

세상에서 성민이를 얻은 것이 가장 행복한 아버지가

사랑의 힘은 요란하고 복잡한 게 아닌가 봅니다. 이렇게 짧은 글로도 충분합니다. 취업을 직접 알아보고 유학까지 보내준 다른 학생의 부모님과 잠시나마 비교를 하며 서운해했던 제가 너무나 싫어졌습니다. 사랑까지 가난하지 않았다는 아버지의 글에 주책없이 눈물이 왈칵 쏟아졌습니다. 눈물은 막혀 있던 저의 마음을 시원하게 뚫어 주더군요. 모처럼 저도 편지로 응답합니다.

받기만 하고 주기엔 인색했던 성민이가 존경하는 아버지께

군대 있을 때 아버지께 편지를 쓴 기억이 납니다. 오랜 시간이 흘러서 그런지 컴퓨터 앞에 앉아 무슨 말을 써야 할지 오랜 시간 떠도는 생각과 감정을 옮기지 못해 머뭇거리다. 쓰고 지우기를 한참을 하고 나서야 이제 겨우 첫 줄을 씁니다.

얼마 전 하늘을 보았습니다. 구름이 신기한 모습을 띠고 있었는데 한국의 지도 모양을 하고 있었습니다. 재미있어 벤치에 앉아 잠시 보고 있는데 바람의 훼방꾼 때문에 금세 변하더군요. 아버지는 제가 어렸을 때 떠다니는 구름을 보면서 솜사탕과 여러 가지 모양을 설명하시며, 옛이야기도 들려주는 소년 같은 청년의 모습이었는데, 얼마 전 문득 아버지의 머리가 흰색으로 덮인 것을 보고 그동안 아버지에게 스며들었던 세월의 무게와 벽을 알아 버리는 순간, 무심했던 저의 마음이 미안했는지 숨고 싶었습니다. 아버지, 아버지의 편지는 저에게 잠시 쉬면서 행복을 생각하게 하는 힘을 길러주는 '마중물' 같은 편지였습니다.

항상 쉬고 싶으면 그늘이 되어 주고, 필요하면 아낌없이 자신을 내어주는 나무처럼, 아버지는 저에게 항상 기대고 싶고, 의지하게 되며, 비를 피하게 해 주는 나무였습니다. 대학에 들어오면서 부모님께 떳떳한 아들이 되고 싶어 노력했

지만, 기대에 미치지 못해 죄송합니다.

초등학교 6학년 운동회 때 아버지가 우리 반 부모님 대표로 뛰다 그만 넘어지셨죠. 무릎에 피가 많이 났지만 오히려 등수 안에 못 들어 미안해하시던 모습, 이제 제가 아버지의 손을 잡아 드릴 수 있게 노력하겠습니다. 약속 하나만 해 주세요! 건강하게 저의 곁에 오래 있어 주겠다고. 꼭이요! 고맙고, 감사합니다. 그리고 사랑합니다. 이보다 더 좋은 표현이 생각이 나지 않습니다.

아버지의 사랑 성민 올림

비교

　　얼마 전 취업에 성공했지만 오래 지나지 않아 퇴사한 과 선배님과 저녁에 호프집에서 대화를 나눌 기회가 있었습니다. 그 선배님의 퇴사가 화제가 된 것은 다들 부러워하는 직장이기 때문입니다.

　　"퇴사한다고 하니 집에서 난리가 났지. 부모님을 비롯해 주변 친척까지 말리는데 오히려 그게 더 스트레스 받더라고." 맥주 한잔을 시원하게 마시는 선배님의 다음 말씀이 계속 궁금해졌습니다.

　　"대학에서 생각하는 직장하고 현실은 차이가 많이 나더라. 난 눈앞의 꿀단지만을 보고 대기업에 취직했는데 직장에 출근하는 게 너무나 힘들고 고통스러웠어. 주변의 시선과 비교가 두려워서 내가 선택했다기보다 남 보기 좋은 직장을 선택했는데, 여러모로 많이 맞지 않더라고."

　　그 선배님은 직장생활 내내 고통의 시간이었다고 합니다.

　　위의 사례와 비슷한 내용이 저와 관계가 있는 블로그에 있습니다. 그 내용인즉, '아는 지인이 지나가는 길에 저의 사무실에 들렀습니다. 교통사고로 차를 수리하러 가는 길에 잠깐 들렀는데 차의 뒤쪽 범퍼에 흠집이 나 있더군요. 지인은 범퍼에만 신경 쓰고 타이어 뒷부분에 찍혀 있는 부분은 대수롭지 않게 생각해서 깜짝 놀랐습니다. 사실 범퍼는 흠집이 나도 안전하고 크게 관련이 없지만 타이어는 안전과 직접 관련이 있어, 사람이 죽고 사는 문제인데 보이는 외모에만 집착하는 거 같았습니다. 우리의 삶도 너무 보이는 곳에만 너무 초점을 맞추는 거 아닌가요?'

일단 내 자신이 떳떳하고 당당해야 보이는 부분도 위축되지 않습니다. 떳떳하다는 것은 남의 기준이 아니라 오직 저, 저 자신에게 부끄럽지 않으면 된다고 생각합니다. 그러나 타인의 시선에 자유로운 사람이 몇이나 있을까요? 비교는 물건 고를 때나 필요한데 취업의 면접에서도 비교를 통해 우열을 가리고 있습니다

아버지는 저의 학위보다, 저의 꿈이 더 값지고 소중하다고 말씀하셨는데, 저의 작고 소박한 꿈도, 살아온, 살아갈 소박한 인생까지 비교되지 않기를 바랄 뿐입니다.

나는 무엇을
좋아하는가

　　　　　　　　　입학할 때부터 눈이 마주친 캠퍼스 커플이 있습니다. 4년 가까이 변함없이 사람이 있건 없건 애정을 과시하는데 얼마 전에는 벤치에서 "나 잡아 봐~라" 하고 장난을 치고 있었습니다. 남자는 여자를 잡으려고, 여자는 남자를 피해 가면서 얼굴에 웃음 가득한 표정으로 말입니다. 무슨 개그콘서트를 보는 것도 아니고…. 졸업을 하고 취업을 하면 바로 결혼을 한다고 합니다. 제 눈에 안경이라고 객관적으로 보면 전혀 어울리지 않습니다. 보고 있자니 닭살이 돋습니다. 더 정확하게 표현하면 정말 재수 없습니다. 뭐가 그렇게 좋은지 궁금합니다.

　　생각 없이 걸어가는데 나도 누군가를, 아니 어떤 일을 저렇게 좋아한 적이 있었나? 한눈팔지 않고 정신없이 앞만 보고 달려가도 후회하지 않는 일이 무엇이지? 그리고 그런 일을 찾으려고 노력은 했는지… 가까운 나무 그늘에 앉았습니다. 한국 100대 기업 취업이라는 목표를 내가 세운 이유가 뭐지? 행복하려고…. 그곳에 못 들어가도 얼마든지 행복할 수 있는데, 내가 찾아야 하는 진정한 일을 찾는 것이 행복인 줄 알면서도 그냥 지나쳐 버렸습니

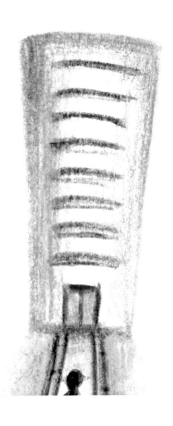

청춘에게
전하는 여섯 가지
공감이야기

다. 외부의 시선에, 부모님의 기대에 그렇게 나 스스로 목표를 정한 것이었나 너무나 혼란스러웠습니다.

저의 고민을 아버지에게 털어놓았습니다. "주변 친구들의 눈을 전혀 의식하지 않을 자신 있어? 또 가난하고 싸울 용기가 있어?" 저는 대답하지 못했습니다. 주변 친구들의 시선은 이겨 낼 수 있어도 가난은 싫었기 때문입니다. 그 이유는 아버지가 대기업 부장일 때 모습을 보았고, 택배 일을 하는 모습을 보았습니다. 택배 일이 결코 나쁘지는 않지만 수입이 적고, 연세 드신 분들이 소화해내기 버거운 경우가 많았습니다. 그리고 가난하고 싸우는 가장의 힘든 모습을 보고 학자금 신청을 받아 졸업해야 하는 현실에서 가난은 정말 싫었습니다. 전 가난과 싸울 용기가 없고, 가난을 내려놓을 만큼 자유롭지도 않습니다. 어떻게 보면 제가 더, 남 보기 좋은 직장, 급여가 높은 곳만을 찾아가려고 갈망하고 있었던 것 같습니다.

이런 내가 이기주의인가? 아니 현실을 잘 아는 사람이지, 하고 위로해 보지만 개운하지는 않습니다. 친구에 페이스북의 글이 생각납니다. '하고 싶은 걸 하면 부모님이 생각나고, 하고 싶은 것을 안 하면 나 자신에게 미안할 거 같아 괴롭다고.'

대부분 성공하고 행복한 분들의 답은 내가 잘하고 즐겁게 하는 일을 찾으면 된다 입니다. 저는 그 답을 부정하고 있었습니다. 혼란스럽습니다. 지금까지 준비해 왔던 것을 바꿀 용기가 나지 않습니다. 그렇게 삶이란 긴 여정 속에서 대답 없는 내일이 다가오고 있습니다. 답답한 내일이…

짜장면, 단무지

　　책을 읽다가 재미있는 글을 보았습니다. 제목이 '짜장면 단무지'입니다. 내용은 이렇습니다. 짜장면을 시키면 단무지가 따라 나오지만, 단무지를 시키면 짜장면이 나오지 않는다 입니다. 선택을 즉, 주문을 잘하라는 내용입니다. 이 글의 저자는 청춘들이 미래에 대한 선택을 좀 더 폭넓게 가지라고 당부하며, 어떤 선택을 하냐에 따라서 큰 차이가 난다는 것을 강조합니다.

　　선택… 우리는 생활 속에서 수없이 많은 선택 즉, 결정을 내리고 살고 있습니다. 고등학교까지는 부모님의 선택이 대부분이었지만, 나이를 먹을수록 선택을 하고 그 선택에 대해서는 아프고 손해 보더라도 책임을 져야 합니다. 특히 미래에 대한 선택은 인생을 결정하는 중요한 것이기에 신중, 또 신중할 수밖에 없습니다.

　　기성세대는 젊은 사람들에게 도전 정신이 없다, 너무 편한 것만 한다, 인내심이 없다 등 몇 가지 중요한 것을 지적합니다. 그러나 이거 아시나요? 기성세대도 안정된 것을 선호하면서 왜 젊은 청춘에게 나태하다, 끈기가 없다,

쉬운 것만 하려고 한다고 지적할까 생각해 보았습니다. 젊은이들은 눈물 젖은 고생의 빵을 먹어보지 못했기 때문이랍니다. 영화 〈국제시장〉의 주인공 같은 고생을 못 했다는 것이죠. 그러나 기성세대가 젊은 청춘에게 다 좋고 풍요로운 것만 남겨 준건 아닐 겁니다.

위의 저자의 마지막 부분에는 고정관념에 사로잡혀 있지 말고 즉, 한국만을 고집하지 말고 세계를 무대로 개척하는 것이 어떤가? 좁은 무대에서 우리만의 리그전을 하지 말고 넓게 보고 크게 움직이라고 하면서 축구를 예로 들었습니다. 축구경기는 경기장을 폭넓게 쓰는 팀이 기회를 많이 만들 수 있고 게임에서도 승리할 수 있다고 저자는 말합니다.

침묵하면서 생각해 보는 글이었습니다. 잠시의 시간을 두고 위의 글의 내용을 생각하면서 저 자신의 마음을 들여다보았습니다. 짜장면은 내가 잘하는 것을 말하는 것입니다. 그럼 단무지라는 물질도 같이 따라오겠죠.

유리창에 커튼이 쳐 있어 행복이라는 것을 볼 수 없는 느낌, 그 커튼을 걷어 내려고 하는 저의 몸부림으로 인해 저의 가슴은 상처투성이가 되었습니다.

두려움

졸업을 앞둔 늦은 가을, 앞이 보이지 않을 정도로 비가 내립니다. 그러나 전 압니다. 이 비가 그친다는 것을 그리고 태양이 뜬다는 것을요. 저의 삶도 지금은 구름이 많이 끼고 비가 내린다 할지라도 분명 구름도 걷히고 비도 멈출 거라 확신합니다.

공부는 계속하고 있지만 제가 힘든 것은 한 가지입니다. 바로 미래에 대한 두려움, 앞이 보이지 않는 불투명한 미래 때문입니다. 깊은 바닷속, 끝이 어디인지 모르면서 계속 내려가고 있는 것 같습니다. 전에 보았던 영화 〈명량〉에서 이순신 장군님의 명대사가 나옵니다. 바로 "두려움을 용기로 바꿀 수 있다면"이라는 대사인데요, 극한의 무서운 그 두려움의 감옥을 용기로 바꿀 수 있는 터닝포인트는 무엇일까 생각해 봤습니다. 그건 나, 바로 나 자신과의 싸움에서 이기는 것, 결과적으로 저한테 달려 있다는 겁니다. 넘어지는 것도, 그리고 다시 일어서는 것도, 일어나 뛰는 것도 모두 내가 해야 할 일이었습니다.

얼마 전 외삼촌의 전화가 왔었습니다. 힘드냐고 물으면서…. 전 대답하지 않았습니다. 외삼촌은 알고 있는 것 같았습니다. 제가 힘들어하고 있고, 취업문제로 홍역을 앓고 있다는 것을. 수화기로 타고 들려오는 외삼촌의 위로. "세네카가 이런 말을 했지. '역경이 없으면 능력도 알 수 없다.' 이걸 다시 해석하면 어려움이 있어야 비로소 너의 능력을 보여줄 수 있다는 것이야, 성민아! 정말 힘드냐?" 전 대답을 하지 않았습니다. 잠깐의 침묵 후 계속 외삼촌의 말씀이 이어집니다. "지금이 진짜 바닥이라고 생각하냐? 달동네 저 밑바닥에서 빵 한 조각 먹을 힘조차 없을 정도로 힘드냐? 만약에 없다면 다행이다. 그때부터 너의 길이 보일 테니까." 외삼촌은 저에게 무슨 말을 하고 싶었던 것일까요? 아무리 힘들고 어렵더라도 결국 길이 있다는 것을 알려주는 거라 믿습니다.

오늘따라 유난히 집으로 가는 버스 유리창에 흐르는 빗물이 힘없이 저의 가슴속으로 타고 들어옵니다. 몸을 피할 우산 하나 없이 비를 맞으며 걷고 있는 한 사람, 그를 뒤로하며 목적지를 향해 가는 버스, 비를 맞고 있는 사람이 저의 모습과 비슷했을까… 모습의 흔적이 보이지 않을 때까지 시선을 놓

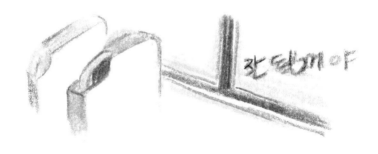

지 못했습니다. 버스의 유리창에 글을 써 봅니다. '잘될 거야.' 이렇게 오늘 하루도 지나가고 있습니다.

　다음 날, 자판기 앞에서 커피 한잔 마시는 시간도, 미래를 위한 고뇌에 찬 시간도, 저는 시간의 벽을 넘을 수 없기에 시간은 같은 폭으로 쉼 없이 자기 길을 걸어 저를 졸업식장으로 안내해 줄 겁니다.

나만의 모범적인 길을 미친 듯이 걸었던 그 길.
사실 그 길은 실패의 길이었습니다.
하지만 희망까지 버리지는 않습니다.
희망이 있다는 건 아직 포기하지 않았다는 뜻입니다.

스마트
지식을 마음에 넣고 흔들어 지혜를 얻습니다

같이 힘내자

　　　　　　　　　　　　로버트 그린의『전쟁의 기술』이라는
책에는 '뛰어난 사무라이는 칼을 잘 쓰는 사람이라기보다 자신의 마음을 스
스로 평정한 사람'이라는 내용이 나옵니다. 자신의 마음을 잘 다스려야 한다
는 메시지 보다 전 오히려 나 자신을 잘 알아야 한다는 말로 들립니다.

　　나는 누구인가? 나에 대해서 나는 얼마나 알고 있는가? 나에 대한 차
별화는 무엇이지? 이런 물음을 옛날 외삼촌이 학교에 찾아와 운동장을 보
며 말씀한 이후, 저 스스로 질문을 자주 하곤 했습니다. 아마도 지금 생각하
면 힘들 때 그런 질문을 많이 했던 것 같습니다. 사실 저 자신에 대해 잘 알
지 못했기 때문에 다른 사람들의 자격증과 스펙 쌓기에 귀를 기울이고, 학점
의 경쟁에서 뒤처질까 조바심에 불면증에 시달린 적이 있었습니다. 그러나
이제는 압니다. 대중과 섞여 있고 싶고, 떨어지면 외톨이가 된다는 저 혼자
의 생각일 뿐이라는 것을, 대학생활을 더 알차게 보내지 못한 즉, 차별화라
는 단어를 사용할 용기를 내지 못한 저 자신이 답답할 때도 있었지만, 그래
도 힘들 때마다 아르바이트까지 해서 여기까지 온 저 자신에게 위로의 점수

는 주고 싶습니다.

조금 후 졸업이라는 생각에 뒤를 돌아보니 조금씩 부족한 곳으로 황소바람이 세차게 들어 오는 것을 느끼고 있습니다. 진솔하게 저의 마음을 들여다보고 소통하지 못했던 나. 저의 몸과 마음은 빨간 불이 들어온 신호등처럼 잠시 쉬라고 한지 오래인데 저는 그럴 여유도 시간도 없었습니다. 그저 나의 길을 가고 싶은 것도, 나의 길이 어디인지도 모르고 대중이 가고 있는 길을 바쁘게 따라 움직이고 있을 뿐, 진로적성 캠프도 크게 도움이 되지 못했습니다. 전에 꾸었던 꿈처럼 앞으로 가고 있는 나를 뒤에서 잡아당기고 있는 것이 무엇일까? 나를 못 찾아 헤매고 있는 나일까?

오늘도 점심은 컵라면 하나로 때웠습니다. 간혹 안부를 묻는 후배들의 인사도 부담스러울 때, 동아리 후배가 제가 앉은 도서관 책상에 커피 한잔을 놓고 밑에 메모를 해 놓았습니다.

　끝이 어디인지 모르고 가고 있는 우리들에게 선배의 노력하는 모습은 앞으로 가야 할 곳을 알려 주는 나침반과 같습니다. 같이 힘내요! 선배…!

　내가 나침반이라니… 난 지금 태평양 바다 한가운데에 떠 있는 한 조각 널빤지인데, 나 같은 길을 걷지 말라고, 그러면 안 된다고 말하고 싶은 나인데…. 그저 칭찬과 덕담이라는 생각을 했습니다.

　같이 힘내요…. 그래, 같이 힘내자. 누구의 삶도 아닌 내 인생이고 내 삶이니, 같이, 같이 힘내자.

혼자가 아닌 나

마지막 학기 겨울의 앞, 버스를 타고 문득 본 밖의 풍경은 혼신의 힘을 다해 매달리고 있는 마지막 잎사귀마저 떨어트리고 있었습니다. 35번째 접수한 취업의 원서 접수마저 서류전형에서 떨어졌다는 소식을 들었을 때 기업 앞에 한없이 작아지는 내 모습을 발견했습니다. 사람과 눈을 마주치는 것조차 싫었을 때 집으로 가는 버스 창밖을 보는데 그냥, 그냥 눈물이 흐르고 있었습니다. 현실을 인정하기 싫은 내 모습은 적나라하게 유리창으로 저의 모습을 비추고 있었고, 상처의 여진으로 인해 지치고 힘들어하고 있을 무렵, 버스 안에서 노래 한 곡이 흘러나옵니다.

이제 다시 울지 않겠어. 더는 슬퍼하지 않아. 다신 외로움에 슬픔에 난 흔들리지 않겠어. 더는 약해지지 않을게 많이 아파도 웃을 거야. 그런 내가 더 슬퍼 보여도 날 위로하지 마.[11]

---

11) '혼자가 아닌 나', 이희승 작사, 최태환 · 정용국 작곡, 서영은 노래

저의 마음을 잘 읽어 버린 노래인 거 같습니다. 대학생활을 나름대로 최선을 다했다고, 성실하게 잘했다고 생각했습니다. 그러나 저는 다시 도서관 앞 구직란 앞에 서 있습니다. 부모님을 실망시키지 않아야 한다는 중압감, 나의 재능과 능력을 못 찾을 거라는 두려움. 경쟁 속에서 낙오가 될지 모른다는 생각으로 잠을 이루지 못했습니다. 도서관의 형광등만이 저를 반겨줍니다. 졸음으로 가득한 눈을 비벼가며 책을 넘기는 학생들이 눈에 들어 옵니다. 취업한 그들은 누구이고 지금도 입사 원서를 쓰고 있는 나는 누구인지 그 차이는 잘 모르겠습니다. 종이 한 장 차이, 아니 무엇인지 잘 보이지 않습니다. 직장이 무엇이길래 이리도 힘들게 하는지요. 크고 원대한 꿈도 아닌데, 그저 일할 수 있는 곳, 나를 알아주는 단 한 곳만을 찾는 일인데 말입니다.

개구리가 멀리뛰기 위해 움츠렸다고 위로해 보면서, 크게 소리 한번 질렀습니다. 다시 기운을 차리기 위해서, 저의 연약한 슬픔이 달아나게 말입니다. 이 슬럼프 극복 방법은 저 자신을 믿는 것입니다. 저는 저 자신을 믿습니다. 이 방법이 최선의 방법이자 최고의 방법이니까요.

취업의 문, 특히 누구나 바라는 직장의 문은 한정되어 있고, 점점 좁아지고 기회마저 줄고 있는데 모두가 그곳에 들어가려고 합니다. 우리나라 미스매치로 발생하는 실업자 수만 40만 명이라고 합니다. 저도 그중 한 명이겠지요. 하지만 전 희망을 잃지 않고 도전하겠습니다. 100대 기업이 아니라도 내가 잘 근무할 수 있는 곳을 찾아서, 저의 작은 능력을 보여 줄 곳을 말입니다. 영화 〈변호인〉에서 주인공이 책 옆에 쓴 '절대 포기하지 말자.'는 말을 기억하며 마음을 다잡아 봅니다. 그러나 마음과 몸은 뜻대로 잘 안 됩니다. 한비야의 『1g의 용기』에 나오는 '거대한 불 앞에서 겨우 양손에 양동이를 들고 있는 느낌'이라는 표현이 저를 두고 하는 말인 것 같습니다.

얼마 후 친구에게 문자가 왔습니다.

영웅 나폴레옹도 그가 싸웠던 전쟁의 1/3은 패했지만 역사에 훌륭한 장군으로 남았듯. 성민이가 포기하지 않는 한 어둠의 터널을 뚫고 행복의 땅에 도착한 멋진 사람으로 기억될 거라 믿는다. 성민아 힘내!

친구의 문자는 잠시 위로가 되지만 지금 저의 마음은 바다도 얼릴 수 있는 한겨울의 날씨입니다. 그러나 힘내겠습니다. 결코 저는 혼자가 아니기에. 저를 응원하는 분들이 많다는 것을 믿기에….

방황

　　거울의 날카로운 바람이 창문을 심하게 흔들더니 잠시 후 앞이 잘 보이지 않을 정도로 눈을 뿌립니다. 저 자신을 믿어야 한다고 수없이 되새김했지만 바로 앞도 보기 힘든 눈바람처럼, 보이지 않는 미래와 아침마다 부모님이 일하러 나가시는 모습을 보면서, 가슴속까지 많이 힘들고 아픈 하루하루를 보내고 있었습니다.

　　몸살을 심하게 앓았습니다. 나 자신이 이것밖에 되지 않는지 자괴감 속에 계속해서 조급한 마음은 피곤으로 쌓여만 갔습니다. 주변 친구의 취업 성공과 비교가 되면서 번번이 실패로 돌아갔던 초라한 저의 모습, 긍정과 희망 속에서 팽팽한 줄다리기를 하다 점점 부정으로 기울어 가면서 긴장한 활시위가 부러지듯 끝내 눕고 만 것입니다. 그렇게 시간의 약은 아픈 저의 상처를 치료해 주고 일어설 용기까지 주고 있었습니다.

　　비슷한 처지의 과 친구와 모처럼 점심을 같이 먹었습니다. 그 친구도 저와 같이 힘든 날들을 보내고 있었습니다. 더욱이 사귀던 여자 친구가 취업에 성공하면서 자연스럽게 헤어지게 되어 우울한 날들이 계속되고 있었습니다.

눈 내리는 광화문 거리를 걸어가다 잠시 하늘을 보았습니다. 그리고 천천히 주변을 둘러보았습니다. 어디를 바쁘게 가는지 저마다 목적지를 향해 가고 있는데, 저만 갈 곳 없이 이순신 동상만 바라보고 서 있더군요. 대중은 있지만 거대한 사회 속에 외로이 혼자 버려져 있는 느낌, 그날은 혼자 한참을, 한참을… 그렇게 걷기만 했습니다.

다음 날 일찍 남산으로 향했습니다. 혼란스럽고 방황하는 저의 마음을 정리하고자 눈길 사이를 걸어 도착한 남산, 얼마 만에 왔는지 기억에서조차 사라져 버린 남산타워는 그냥 그대로 그렇게 하늘을 향하고 있었습니다. 바로 그때 군대 가기 전 잠깐 만났던 여자 친구를 보았습니다. 군대 가면서 자연스럽게 연락이 안 되어 헤어졌는데 이렇게 다시 만나게 될 줄, 인사 한마디 건네기도 전에 잠시 후 그 여자 옆에 남자 친구가 커피를 들고 다가서더군요. 저는 빠르게 시선을 다른 곳으로 돌렸습니다. 순간 쓴웃음 사이로 입가에 입김이 길게도 꼬리를 물며 남산을 내뱉고 있었습니다. 이제 작은 추억마저도 리셋(reset)이 되는 느낌, 한겨울, 하나밖에 없는 따뜻한 난로마저 빼앗긴 것 같습니다.

내려오면서 서점에 들렀습니다. 잠시 스쳐 지나갔던 책 중에 워런 버핏의 부자의 조건이 나오는데 그중에 '젊다는 것은 가장 큰 자산이다.'라는 글이 눈에 들어옵니다. 저는 아주 큰 자산을 가지고 있었는데 저만 모르고 있었던 것입니다. 아직 저는 젊고 가능성도 큰데 잠시 방황을 하고 있었습니다.

『아프니까 청춘이다』의 김난도 교수님의 인생의 시간표를 마라톤으로 계산하면 얼마일까 생각해 봤습니다. 42.195㎞를 80세라고 가정하면, 20세

청춘에게
전하는 어섯 가지
공감이야기

는 10.55㎞, 30세 15.82㎞, 40세 21.10㎞입니다. 지금 저 자신의 나이를 생각해 보았습니다. 아직 달릴 구간도 많고, 좋은 기회로 반전과 역전을 시킬 기회도 많이 있음을 알았습니다. 마라톤은 순위 싸움입니다. 하지만 저의 인생 마라톤에는 순위 싸움을 하고 싶지 않습니다. 그저 주어진 환경 속에서 행복을 향해 최선을 다하며 달려가는 러너가 되고 싶을 뿐입니다. 모두의 결승 지점은 서로 다릅니다. 너무 조급하게 생각하지 말고 속도 조절을 통해 행복의 코스를 꼭 완주하고 싶습니다.

희망의 불씨를 살려야 합니다. 잘될 거라는 긍정으로 움직여야 합니다. 힘을 내서 다시 재도전합니다. '바람개비 이론'처럼, 바람이 불지 않으면 바람을 향해 뛰어야만 바람개비는 더 잘 돌아간다는 생각을 하며, 지원하는 기업의 정보를 좀 더 자세히 알아보고, 적극적인 자세로 자기소개서도 쓰고, 나는 무엇이 부족해서 떨어졌는지 분석도 해 보았습니다. 그렇게, 그렇게 저는 다시 도전하고 있습니다.

일주일 후 일기장의 여백에 문득 이런 글을 써봅니다.

내 자기소개서에 진정한 나는 몇 %나 들어가 있을까!

창밖의 눈 내리는 밤은 고요하지만 침묵 또한 뿌리고 있습니다.

저의 인생에 눈물 없이 성공만 있다면 그건 세상에서 제일 재미없는 드라마일 겁니다.

머나먼 여정을
떠나는 분들에게

　총장님의 졸업 연설문 중에 울림이 있는 두 가지가 생각나 옮겨 봅니다.

　"졸업생 여러분! 힘든 과정을 마치고 영예로운 학위를 받는 여러분과 자리를 빛내주신 가족 여러분에게 먼저 꽃다발과 함께 축하한다는 말을 해 드리고 싶습니다. 여기 졸업식장에 들어오기까지 노력의 소중한 결과를 얻었으니 말입니다. 졸업은 학생 신분의 꼬리표를 떼고 사회로 나가는 또 하나의 시작점입니다. 새로운 곳으로 머나먼 여정을 떠나는 분들에게 두 가지 당부를 드립니다.

　첫 번째, 여러분이 매일 매일 보는 교통상황을 생각하길 바랍니다. 어떤 사람은 편하고 좋은 차를 타고 어떤 사람은 버스나 전철 같은 대중교통을 이용합니다. 비교를 통해 나 자신이 위축될 수 있지만 자가용이 늘 편하고, 대중교통이 항상 불편하지는 않습니다. 그러니 자신의 지덕에 대한 부족함은 비교를 통해 더 쌓고, 물질에 대한 비교는 하지 마시길 바랍니다. 또한 우리

스마트
지식을 마음에 넣고 흔들어 지혜를 얻습니다

의 삶이란 반듯이 가다가 우측으로, 좌측으로 가기도 하고 때로는 한참을 돌아가기도 합니다. 정지선에서 어쩔 수 없이 멈추기도 하고, 시간에 쫓기어 교차로에서 빨리 달리다 교통사고도 납니다. 우리의 인생도 이와 같다고 생각합니다. 항상 좋고, 행복한 일만 있지는 않습니다. 내가 바른길을 잘 가고 있어도 주변의 차로 인해 사고가 나듯, 늘 우리는 넘어져도 일어날 생각을 해야 합니다. 그런 실패는 늘 존재하기에 이거내 다시 일어설 수 있는 용기와 힘, 그 힘이 여러분의 인생에 항상 함께하길 바랍니다. 그건 바로 희망이며, 여러분의 꿈입니다.

두 번째는 가로등 같은 삶을 사시길 바랍니다. 가로등은 어두운 곳을 비추는 기능을 하며 항상 고개를 숙이고 있습니다.

이스라엘에는 두 개의 호수가 있습니다. '갈릴리 호'와 '사해'입니다. 갈릴리 호는 받은 물만큼 내보내 생명이 살고, 사해는 받기만 하고 흐르지 못해 죽은 호수가 되었습니다.[12]

여러분의 학위로, 여러분의 지식으로 사회의 그늘을 비추고 나누어 주는 사람이 되길 바랍니다. 또한 사회생활의 기본은 겸손입니다. 사회라는 큰 정글 속에서 감사와 겸손한 마음을 항상 가지시길 바랍니다."

총장님의 말씀을 생각해 보면 어디 하나 틀린 부분이 없습니다. 새로운 출발을 하는 우리에게 꼭 필요한 말씀입니다. 근데 가로등은 우리에게도 필요하지만 정치인에게 더 필요한 것 같다는 생각을 했습니다. 바로 '가로등

---

12) 송정림, 『참 좋은 당신을 만났습니다 2』, 나무생각, 2014

정치'입니다. 가로등의 전기는 국민이 주는데 어둠을 비추는 기능을 잘하지 못하는 것 같습니다. 빛을 비추려고 전기가 들어갈 만하면 깜빡깜빡 전구가 나갑니다. 그리고 가로등처럼 고개를 숙이며 겸손하지도 않은 것 같습니다. 겸손은 선거 때만 잠시… 가로등은 제한된 곳을 비춥니다. 그러나 우리 사회에 건전한 생각을 가지고 있는 정치인이나 리더가 많다면 그 문제는 해결되리라 생각합니다.

졸업식 때 찍은 부모님과 친구들의 사진을 보면서 많은 생각을 하게 되었습니다. 사진 한 장 한 장에 사연이 있듯이 우리의 하루하루도 많은 사연을 담고 있는데…. 외삼촌이 졸업선물로 주신 책에 적혀 있던 글을 봅니다.

경찰서, 변호사 안 찾고 병원 안 가면 그나마 살 만한 거야. 졸업 축하한다.

사랑하는 후배
J에게…

얼마 전 입학식 때 받은 꽃다발의 향기가 아직도 남아있는데, 학교 교문을 같이 들어왔던 그 풋풋한 눈동자의 친구들을 찾아봤지만 못 찾고 졸업식장에 있는 나를 발견하고는 깜짝 놀라, 어제 사랑하는 후배 J의 인사도 받지 못해 미안해. 졸업식장을 떠나면서 나의 모습이 스며있는 정들었던 강의실, 도서관, 자주 앉아 생각에 잠기곤 했던 나무 그늘 벤치를 돌아보고, 캠퍼스에서 사진을 찍고 나니, 이제 정말 떠나는구나 하며 졸업을 느끼게 되어 찡한 마음을 주체할 수 없어, 졸업한 날 저녁은 추억의 필름을 되감으며 뜬눈으로 밤을 지새웠지.

교문 밖을 나서면서 J에게 좋은 선물을 하고 싶어 고민해 보았어. 그동안 입학하면서부터 졸업할 때까지 틈틈이 메모하고, 궁금한 건 찾고, 읽었던 책에서 좋은 내용들을 모으고, 또 마음 한 곳에 깊이 숨겨 놓았던 나만의 일기장의 이야기를 담아 J에게 주고 떠나야겠다고 결심하고, 용기를 내서 정리한 것을 이렇게 보내게 되었어. 정리는 뒤를 돌아보게 하더군. 부모님의 넘치는 사랑에 눈물을 흘렸고, 대학생활 동안 나다운 삶이 무엇인지 정의를 내리지 못해 방황했으며, 불안한 미래를 보면서 이게 맞는 건지 수없는 질문 속에 답을 못 찾고 졸업을 하게 되었지. 어찌 보면 못 찾았다기보다 알고 있으면서도 나 자신이 용기가 나지 않았어. 그렇게 시간은 나를 졸업식장까지 데려다주더군. 내가 사랑하는 후배 J. 내가 준 이 책의 한 부분이라도 마음에 와 닿는 부분이 있다면, 꼭 학교와 사회생활에 적용해 J가 오늘보다 더 나은 내일의 행복한 삶을 살아가는 데 도움이 되길 진심으로 바랄게.

J. 난 또다시 나와의 2라운드 싸움을 하기 위해 새롭게 출발하기로 마음먹었어. 호주의 간호사 브로니 웨어는 수년 동안 죽어 가는 환자들을 보살폈는데 죽음을 앞둔 환자는 타인의 뜻에 맞추며 살았던 과거를 가장 후회한다고 해.[13] 더 늦어 후회하기 전에 나는 행복의 길을 가기 위해 겉모습이 아닌 내가 잘하고, 하고 싶은 일을 찾아 그 방향으로 가기로 결심했어. 이제는 주변의 환경이 나를 흔들더라도 나는 이제 흔들리지 않아. 이건 수많은 시간과 방황 속에서 진지하게 나 자신과 많은 질문을 해서 얻어낸 소중한 결론이지. 내 목표 100대 기업을 이젠 고집하지 않겠어. 기업의 규모나 복지, 급여보다 나에게 맞는 기업이 절대적으로 중요하다는 걸 아니까. 지금까지 투자한 시간이 아깝지 않냐구? 아깝지. 그렇지만 이런 실패가 있어 내가 절실히 깨달음을 얻었으니 꼭 손해라고 할 수 없지.

J. 지금은 아르바이트를 하면서 등록금 대출을 갚는 생활을 하지만, 나는 나 자신을 믿으며 계속 행복을 향해 도전을 멈추지 않기로 했어.

J. 나는 지금 운동장의 직선이 아닌 코너를 돌고 있나 봐. 그러나 이 코

———

13) 에이미 모린, 유혜인 옮김, 『나는 상처 받지 않기로 했다』, 비즈니스북스, 2015

너를 돌아야 행복이라는 직선이 나오듯 코너에서도 흔들림 없이 속도를 최
대한 높이기 위해 노력할게. 그래야 나의 봄도 곧 오니까. 참 얼마 전 규모는
작지만 일하고 싶은 기업에 면접시험을 보고 결과를 기다리고 있고, 또 한
곳은 면접시험을 기다리고 있어. 이렇게 설레는 것은 사실 처음이네. 아마도
J가 내 글을 다 읽고 있을 때쯤이면 결과가 나와 있겠지. 인사도 제대로 하지
못한 다른 후배한테도 안부 꼭 전해 주기 바랄게. 그동안 고마웠어. 부족한
나에게 정말 고마웠어. J가 내 후배라는 게 자랑스러웠어.

　　고생하지 않고는 열매를 거둘 수 없고, 가시밭길을 걷지 않고는 왕의 길을
걸을 수 없으며, 쓴맛을 보지 않고는 영광을 맛볼 수 없는 법이다.

– 윌리엄 펜_ 영국의 철학자[14]

---

14)　존 맥스웰, 김고명 옮김, 『사람은 무엇으로 성장하는가』, 비즈니스북스, 2012

에필로그

잠시 쉼표가 필요한 청춘에게,
그리고 힘들어하는 모든 분께
드립니다

소유에 대한 끝없는 추구와 몸에 익숙한 경쟁주의, 많이 가진 자와 적게 가진 자의 갈등은 심하고, 대학의 반값 등록금은 그저 장밋빛 이야기일 뿐입니다. 졸업하고 남은 건 학자금 대출과 청년 백수의 꼬리표, 부모는 치솟는 물가에 허리 한번 펴지 못하고 봉급 빼고 다 올라가는 물가, 투잡을 해도 삶의 무게는 줄지 않고 피로감만 쌓이며, 고단한 삶에서 벗어나지 못하고 있습니다. 출구가 보이지 않는 절망감에 비정규직, 계약직, 인턴에 특수고용이라는 새로운 신종직이 탄생하는 한숨 나는 대한민국, 기성세대는 젊은 세대를 이기적이고 나약하며 인내의 부족을 지적하고, 젊은 세대는 권위와 기득권으로 무장한 기성세대를 곱지 않은 시선으로 바라보고 있는 게 현실입니다. 두 세대는 기차의 선로처럼 서로 다른 생각으로 계속 평행선만 달리고 있습니다.

이 책은 평상시 긍정적이고 감사하면, 희망과 꿈이 생겨 목표를 설정하고 실천하면 된다는 기본적인 이야기를, 박성민이라는 주인공의 눈을 통해 느끼고 찾고 구한 것을 100m 달리기 선수가 결승점을 향해 전력을 다해 달리듯, 한 부분 한 부분 최선을 다해 썼습니다.

갈 곳 없는 차가운 청춘의 손을 잡아 주고 싶습니다. 추운 겨울, 옷 하나만 걸쳐 입고 떨고 있는 직장인을 안아 주고 싶습니다. 새벽부터 저녁 늦은 시간까지 일하며 사업하는 분들에게 오늘보다 더 나은 내일이 있다는 희망을 주고 싶었습니다. 그런 저의 작은 바람과 마지막 부탁을 드립니다.

긍정적으로 생각하십시오. 그리고 매사에 감사하길 바랍니다. 그럼 희망이 보이고 작은 꿈부터 큰 꿈까지 꿀 수 있습니다. 꿈의 목표를 세우고 실천하다 보면 실패가 있을 것입니다. 희망의 여러분! 실패는 성공을 뿌리는 씨앗입니다. 또한 실패는 재활용이 가능한 소중한 '재활용품'이며 자산입니다. 버려지고 못 쓰는 것이 아닌 실패라는 재활용품으로 꿈의 집을 만드는 것입니다. 그러니 너무 실패를 두려워하지 마시고 부딪치기 바랍니다. 괜찮습니다. 부딪쳐 보세요. 때론 실패보다 일어설 용기가 없어 사실 더 두려울 때가 많으니 용기를 내시기 바랍니다. 중요한 건 여러분이 끝이면 끝이고, 아니라고 하면 끝은 존재하지 않는다는 겁니다. 잘될 것입니다. 그리고 자신의 단점을 보완하기보다 장점을 살리고 차별화하기 바랍니다. 다시 한 번 강조 하지만 차별화는 버리는 것입니다. 그리고 집중하고 단순화한다는 것입니다. 버려야 얻을 수 있고, 비워야 채울 수 있는 것은 역설이 아닌 진리입니다. 그러니 차별화를 잊지 말고 여러분의 속도로 꾸준히 가시길 바랍니다.

　힘들 때마다 이 책 어딘가에 밑줄 친 곳을 보며 다시 힘을 내겠다고, 포기하지 않겠다고, 한 곳이라도 꼭 붙들고 실천하겠다고, 저와 약속해 주십시오. 이 책이 한번 읽고 끝나는 것이 아니라, 가까운 곳에 자리하며 힘들 때마다 위로, 희망과 용기를 주는 사랑받는 책으로 남기를 간절히 바랍니다.

　한 곳 한곳 최선을 다해 만들었지만 저의 생각의 모든 부분을 제한된 지면에 녹여내기란 한계가 있었습니다. 사춘기 소년이 수줍고 부끄러운 마음으로 전날 열심히 연애편지를 쓰고, 다음 날 우체통에 넣으려고 마지막에 읽어 보면 왜 이리 부족한 게 많아 보이는지요. 하지만 그 부족함과 부끄럼마저도 이제 마침표를 찍어야겠습니다. 하얀 눈의 드넓은 들녘을 바라보며 글을 쓰기 시작했던 4년, 다시 첫눈을 기다리며 이제 끝을 맺어야 할 시간이 왔

에필로그
잠시 쉼표가 필요한 청춘에게.
그리고 힘들어하는 모든 분께 드립니다

습니다.

CBS 라디오 방송의 주서택 목사님(청주 주님의 교회)의 1분 묵상칼럼을 소개하며 글을 맺고자 합니다.

나는 인생 낙오자라고 생각하는 사람들이 있습니다. 나는 태어나지 않아야 할 사람이라고 생각하는 사람들이 있습니다. 나는 쓰레기 같은 인생, 나는 곰팡이처럼 있어서는 안 될 사람이라고 생각하는 사람들이 있습니다. 그런데 쓰레기에서 장미꽃을 피워내고 곰팡이에서 페니실린을 뽑아냅니다. 원자를 붙잡아 원자탄을 만들고 버려진 쓸모없는 돌멩이를 깎고, 쪼아, 천사를 만들어 냅니다. 모세는 믿음의 지팡이 하나로 반석을 쳐 생수를 내서 이스라엘 민족을 먹인 일이 있습니다. 링컨과 에디슨은 초등학교를 채 못 나온 사람이고 예수님도 정규 교육을 받지 못하신 분입니다. 내 인생의 반석에는 아직도 생수가 묻혀 있고, 내 인생 속에 시인도, 성자도 묻혀 있습니다. 믿음의 눈으로 나를 보십시오! 나는 인생 낙오자가 아니라 무한한 가능성을 가지고 있는 지하자원과 같습니다. 꿈을 꾸고 내일을 설계하십시오! 위대한 일은 아직 이루어지지 않았습니다.

　맞습니다! 여러분의 위대한 꿈과 행복은 아직 이루어지지 않았습니다. 여러분! 여러분이 아니면 그 어디에도 답을 찾을 수 없습니다. 자신이 잘하는 일이 직업이 되고, 하고 싶은 일을 마음껏 하며 행복한 삶을 만드시길 진심으로 바라며, 여러분의 꿈과 열정엔 쉼표는 있어도 마침표는 없길 바랍니다. 멀리서도 독자분들의 가슴 뛰는 소리가 들립니다. 오늘보다 더 나은 내일을 위해 노력하는 여러분을 응원하며 기도하겠습니다.

　　　　대전의 한 도서관, 폭풍의 거센 바람을 이겨내는 나무를 보며
　　　　　　　　　　　　　　　　　　　　　　　　　　　박상규

에필로그
잠시 쉼표가 필요한 청춘에게,
그리고 힘들어하는 모든 분께 드립니다

이제 그만 힘들어하세요. 이제 그만 아파하세요. 이
제 그만 우세요. 그리고 내 안의 나를 바라보세요.
여러분은 누구보다도 눈부시게 아름답고 세상에서
가장 보배로운, 둘도 없이 소중한 '희망의 사람'입
니다.

잘될 거라는 긍정을 가슴에 품고,
희망의 눈동자로 한 걸음 앞으로 나가,
오늘보다 더 나은 내일의 행복을 보세요!
이제 보이나요? 여러분의 행복한 모습이.

'청춘에게 전하는 여섯 가지 공감이야기'이라는 제목으로 독자 여러분들의 후기 및 사연, 그리고 고민을 개인 블로그나 카페에 올려 주세요. 저자가 직접 희망과 용기, 응원의 댓글을 달아 드립니다.

저자를 사칭해서 취업을 미끼로 금품이나 기타 물품을 요구할 경우가 있을 수 있습니다. 무엇을 요구하는 글은 '절대' 저자의 글이 아니오니 주의하시기 바랍니다.